DER TOPFGUCKER

des Nordmagazins auf N3

DER TOPFGUCKER

des Nordmagazins auf N3

Michael Altrichter

Fotos von Christine Becker

HINSTORFF

MECKLENBURGER MÜHLE
23972 Dorf Mecklenburg

Vor über tausend Jahren befand sich im heutigen Dorf Mecklenburg eine slawische Burg, die dem Land den Namen gab. Davon ist nur noch der große Ringwall erhalten.

In einer 150 Jahre alten Holländer-Windmühle befindet sich die Gaststätte. Seit 30 Jahren wird die Mühle gastronomisch genutzt. Nach der Wende wurde sie geschlossen und erst 1993 wieder eröffnet.

Knusprig gebratene Flugentenbrust auf Staudensellerie mit Orangensoße und Herzoginkartoffeln

800 g Entenbrust
200 ml Orangensaft
200 ml Geflügelfond
1 kg Staudensellerie
3 Orangen
Butter
Majoran
Beifuß
Salz und Pfeffer

Entenbrust auf der Hautseite über Kreuz schneiden, mit Pfeffer, Meersalz, Beifuß und Majoran würzen. Entenbrust mit der Hautseite ca. 6 Minuten, die Fleischseite ca. 4 Minuten anbraten. Danach mit frischem O-Saft ablöschen und mit dem Fond auffüllen.

In der Röhre ca. 15 Minuten bei 180 Grad garziehen lassen.

Den Staudensellerie putzen, in Stücke schneiden und im kochenden Wasser blanchieren. Danach mit etwas Butter und Honig anschwitzen und mit Pfeffer und

Salz abschmecken. Dann die Orangenfilets dazugeben.

Die Soße mit Butter aufschlagen, die Entenbrust in Scheiben schneiden und auf einem vorgewärmten Teller mit dem Sellerie anrichten. Als Beilage werden Herzoginkartoffeln gereicht.

Knusprig gebratene Flugentenbrust auf Staudensellerie mit Orangensoße und Herzoginkartoffeln

02L

PARKHOTEL STRALSUND
18437 Stralsund

Neben Lübeck war Stralsund im Mittelalter die bedeutendste Hansestadt an der Ostseeküste. In der historischen Altstadt zeugen noch heute viele Bauten der Backsteingotik vom einstigen Reichtum der alten Hafenstadt. Von hier geht es über den in den 30er Jahren des 20. Jahrhunderts entstandenen Rügendamm auf die größte deutsche Insel, die Insel Rügen.

Das Hotel, schon von weitem sichtbar, liegt am Rande der Stadt. Gäste und Einheimische können sich hier durch typisch mecklenburgische Küche verwöhnen lassen.

Stralsunder Scholle

4 Schollen à 300 Gramm
40 g Bauchspeck
200 g Grüne Gurke
200 g Champignons
40 g Zwiebeln
140 g Shrimps
40 g Butter
480 g Kartoffeln
20 g Dill
200 ml Sahne
100 ml Weißwein
Zitrone
Worcester Sauce
Mehl, Öl
Salz und Pfeffer

Die Scholle waschen, trockentupfen und leicht salzen.

Dann die Marinade aus Sahne, Weißwein, Zitrone und Worcester Sauce verrühren und mit Salz und Pfeffer abschmecken. Danach den Speck und die Zwiebeln würfeln, die Champignons in Scheiben schneiden und die geschälte Gurke in Halbmonde schneiden.

Die Kartoffeln wie gewohnt kochen und in 1 cm große Würfel schneiden. Speck und Zwiebeln anschwitzen, Gurke und Champignons dazugeben, ebenso die Shrimps. Dann das Ganze salzen und mit Weißwein ablöschen.

Nun die Scholle in die Marinade legen. Anschließend im Mehl wenden und in Öl und Butter beidseitig goldgelb braten.

Zum Schluß die Kartoffeln in heißer Butter schwenken und mit Dill bestreuen.

GASTMAHL DES MEERES
18055 Rostock

Rostock, die alte Hansestadt und heute größte Stadt und industrielles Zentrum von Mecklenburg-Vorpommern, weist viele beachtens- und betrachtenswerte Besonderheiten und Bauwerke auf. Vor dem im 15. Jahrhundert errichteten Steintor, einem Teil der mittelalterlichen Stadtbefestigung und ca. 5min Fußweg vom historischen Rathaus entfernt, inmitten der City liegt das traditionsreiche Restaurant. Vor 1989 gehörte das Lokal zum VEB Fischkombinat und war der Fischereibehörde unterstellt. Fangfrischer Fisch aus allen sieben Weltmeeren wurde und wird hier verarbeitet und serviert, direkt vom Schiff auf den Tisch.

Labskaus nach Hochseefischerart mit Spiegelei

300 g Bauchspeck
300 g geschälte Zwiebeln
600 g Kraftfleisch vom Rind
300 g eingelegte rote Beete
200 g Delikateßgurken
500 g gekochte Kartoffeln
200 g gewässerte Salzheringsfilets
4 Eier
30 g Butter oder Margarine
evtl. Wasser
Majoran
Edelsüßer Paprika
Zimt
Gemahlene Nelken
Kümmel
Salz und Pfeffer

Zum Garnieren:
4 Rollmöpse
160 g in Streifen geschnittene rote Beete
etwas Lollo Bionda
Tomate
Petersilie

Den Bauchspeck in Würfel schneiden und in einer Pfanne anbraten, dann die ebenfalls gewürfelten Zwiebeln dazugeben und kurz mitschwitzen lassen. Das Kraftfleisch vom Rind, die abgetropfte rote Beete und die Delikateßgurken, die gekochten und geschälten Kartoffeln und die einige Stunden (am besten über Nacht) gewässerten Salzheringsfilets in kleinere Stücke schneiden und zusammen mit Speck und Zwiebeln durch den Fleischwolf drehen.

Die Masse bei mäßiger Hitze, eventuell unter Zugabe von etwas Wasser, zum Kochen bringen und mit Majoran, Paprika, Zimt, Nelken, Kümmel und wenig weißem Pfeffer würzen. Die Spiegeleier dazugeben. Mit Rollmops, in Streifen geschnittener roter Beete, Lollo Bionda, Delikateßgurke, Tomate und Petersilie garnieren.

HEXENKELLER PENZLIN
17217 Penzlin

Nachweisbar seit dem 13. Jahrhundert steht eine Burg in dem kleinen Städtchen Penzlin. Bis 1936 war sie im Besitz derer von Maltzahn. Gruselig und doch Wirklichkeit ist das original erhaltene Hexenverließ mit Folterstätte aus dem Mittelalter, getreu nach den Vorschriften des „Hexenhammers" gebaut. Noch 1702 wurde hier die letzte Hexe gefoltert.

Der Keller wird heute als Museum genutzt. Sehenswert auch die im oberen Teil der Burg erhaltene Schwarzküche – eine Küche mit Feuerstelle oder aber eine Feuerstelle mit Küche. Nach einem Rundgang empfiehlt sich ein Besuch des Restaurants, das sich – nach alten Plänen wieder aufgebaut – architektonisch in die Burganlage einfügt.

Burgknochen

1–1,5 kg Schweinebauch mit Knochen und Schwarte
200 g Backpflaumen
1 großer Apfel
1 Zwiebel
Thymian
1 l Fleischbrühe
1 El Tomatenmark
1 Bund Suppengemüse
Salz und Pfeffer

Den Schweinebauch entlang der Knochen einschneiden, so daß eine Tasche entsteht. Danach die Schwarte mit scharfem Messer leicht einritzen. Würzen mit Salz, Pfeffer und Thymian von innen und außen.

Den Apfel schälen und entkernen, dann in grobe Würfel schneiden. Zwiebel pellen und ebenfalls in grobe Würfel schneiden. Alles zusammen mit den Backpflaumen vermischen und in den Schweinebauch füllen. Mit Nadel und Faden zunähen.

Mit der Schwartenseite nach unten im Fleischtopf in wenig Fett anbraten. Den Braten zwischendurch wenden und dann aus dem Topf nehmen. Das grob geschnittene Suppengemüse in diesen Bratenansatz geben und leicht anrösten lassen. Etwas Tomatenpüree dazugeben und mit wenig Fleischbrühe ablöschen. Alles einkochen lassen unter gelegentlichem Umrühren, bis eine kräftige Farbe entsteht. Den Braten wieder in den Topf legen, mit dem Rest der Fleischbrühe aufgießen und für ca. 40–50 Minuten in dem vorgeheizten Backofen bei 180 Grad weitergaren. Es entsteht eine herrliche Kruste. Entlang der Knochen wird der Braten jetzt portioniert. Den Soßenfond entfetten und diesen mitsamt dem Gemüse pürieren. Als Hilfsmittel eignet sich ein Pürierstab. Ist dieser nicht zur Hand, alles durch ein feines Sieb streichen.

HOTEL LANDHAUS ALTMAYER
23992 Tüzen

An der Straße von Rostock über Satow nach Wismar liegt die ehemalige Molkerei. Sie wurde nach der Wende restauriert und bietet rustikale Küche. Nicht weit entfernt befindet sich der Schutzpark Tüzen. Über 24 seltene Haustierrassen leben hier auf einem 40 Hektar großen Gelände. Die meisten dieser Nutztiere sind so selten geworden, daß der Fortbestand nur in Gehegen wie diesen gesichert ist.

Grillplatte Landhaus Altmayer

Grillplatte Landhaus Altmayer

4 Putensteaks à 60 g,
4 Schweinefilets à 50 g
4 Schweinerückensteaks à 120 g
4 Roastbeef à 60 g
500 g frische weiße Champignons
400 g Broccoli
400 g Spargel
400 g gemischte Erbsen und Möhren

400 g Princessbohnen
2 Tomaten
30 g geriebener Käse (Edamer)
Kräuterbutter
8 Scheiben Bauchspeck
1/2 l Sauce Hollandaise
Gemüsesuppe
1 großes Bund frische Petersilie
8–10 Salzkartoffeln
Salz und Pfeffer

Das Fleisch mit Salz und Pfeffer würzen. Die Champignons säubern und in Viertel schneiden. Die Tomaten halbieren und mit geriebenem Käse bestreuen. Die Princessbohnen zum Bund mit Bauchspeck umwickeln und dann in der Pfanne kurz anbraten, danach in heißem Salzwasser ziehen lassen.

Nun das Gemüse warm stellen und das Fleisch anbraten. Die Champignons in der Pfanne anschwenken, mit Salz und Pfeffer abschmecken. Die Tomaten im Backofen ca. 5 Minuten überbacken.

Danach wird garniert. Auf einer Silberplatte das Fleisch mittig plazieren und die Gemüsesorten in den Ecken anrichten. Nun die Champignons über das Fleisch verteilen. Die Kräuterbutter auf das Roastbeef geben. Das Gemüse mit Sauce Hollandaise übergießen. Mit Petersilie ausgarnieren.

ZUM MAIWIRTH
19230 Hagenow

Das Lokal ist eines der bekanntesten in Hagenow. Selbstverständlich wird hier mecklenburgische Küche serviert. Da das Restaurant direkt am Wasser liegt, sind natürlich viele Fischgerichte auf der Speisekarte zu finden.

Viel hat sich in den letzten Jahren in der kleinen schmucken Ackerbürgerstadt getan. Empfehlenswert ist das Museum der Stadt, in dem besonders regionales Gewerbe sehr anschaulich dargestellt wird. Ein original erhaltener Gastraum, wie er bis in die 20er Jahre des letzten Jahrhunderts allerorten zu finden war, präsentiert zum Beispiel „Kneipenkultur“ unserer Großväter.

Gefüllte Forelle

4 Forellen à 300 g
1/8 l Weißwein
4 Lorbeerblätter
40 g Kräuterbutter
Salz und Pfeffer

Für die Füllung:
100 g Zwiebeln
100 g Möhren
100 g Lauch
100 g Paprika
2 Eier

Vier ausgenommene und gesäuberte 300 g schwere Forellen mit Zitronensaft und Salz würzen.

Die Füllung: je 100 g Zwiebeln, Möhren, Lauch und Paprika in feine Würfel schneiden und mit zwei Eiweiß vermischen, das Ganze verrühren und in die Forellen füllen.

Jeden Fisch einzeln in Folie legen, auf diese jetzt 1/8 l Weißwein, 4 Lorbeerblätter und 40 g Kräuterbutter aufteilen. Dann die Folie schließen.

Alle so eingewickelten Forellen auf ein Blech legen und in den Ofen schieben. Bei 175 Grad ca. 20 Minuten garen.

Gefüllte Forelle

BREMER
RATSKELLER
Pfalz
1999er
Grauer Burgunder
Kabinett trocken
L.A.P.Nr. 5 160 331 106 00
Erzeugerabfüllung
VIER JAHRESZEITEN WINZER eG
BAD DÜRKHEIM/DEUTSCHE WEINSTRASSE

HAFFIDYLL
18230 Rerik

Rerik liegt zwischen Salzhaff und Ostsee, östlich von Wismar und kurz vor der Halbinsel Wustrow. Schon zu Zeiten der Slawen war dieser Ort besiedelt. Reste einer alten wehrhaften und strategisch günstigen Burganlage sind heute noch zu besteigen und bieten einen herrlichen Rundblick über Ostsee und Haff.

Von dem neu errichteten Hotel ist ein Blick auf das Salzhaff möglich. Das Haus bietet unter anderem eine oft und gern genutzte Attraktion, das Hochzeitszimmer.

Reriker Piratenpfanne

800 g Schweinerücken
1/2 l Knoblauchsauce
400 g frische Champignons
150 g Edamer 30% F.i.T.
4 Scheiben Toastbrot
4 dünne Scheiben Kochschinken
400 g Kartoffeln
Knoblauch
1 Bund Petersilie
Mehl, Öl, Butter
Salz und Pfeffer

Zuerst die Kartoffeln schälen, waschen, vierteln und aus den Vierteln halbmondähnliche Formen zurechtschneiden. Die so geschnittenen Kartoffeln blanchieren, aus dem Wasser nehmen und gut abtrocknen.

Die Knoblauchsauce: Margarine zerlassen und darin ca. zwei zerdrückte Knoblauchzehen anschwitzen. Dann eine helle Mehlschwitze bereiten und alles mit Fleischbrühe auffüllen. Die Soße muß von deckender Konsistenz sein. Abgeschmeckt wird mit Salz und Pfeffer.

Reriker Piratenpfanne

Die Schweinerückensteaks werden plattiert, mit feinen Knoblauchscheibchen gespickt, gesalzen, gepfeffert und in Öl saftig, nicht ganz durchgebraten, nebenbei die frischen, gewaschenen und geviertelten Champignons in einer flachen Pfanne, in heißer Margarine, bis zur leichten Bräune angeschwenkt. Salzen und pfeffern.

Alles in einer Steingutpfanne anrichten. Dazu die Toastscheibe toasten und nach unten geben. Darauf der Reihe nach eine Scheibe Kochschinken, Steak, Pilze, die deckende Knoblauchsoße, alles mit geriebenem Käse bestreuen und im Grill oder Ofen überbacken. Inzwischen die Schloßkartoffeln fertiggestellen. Die vorbereiteten Kartoffeln in Butter anschwenken und mit Salz würzen. Anschließend ebenfalls im Grill oder Ofen zu goldener Farbe braten. Dabei mehrmals schwenken. Nach der Fertigstellung mit frisch gehackter Petersilie bestreuen und extra zur Piratenpfanne reichen.

SCHEUNEN-CAFÉ
19303 Dömitz

Dömitz war einst Grenzort an der innerdeutschen Grenze, bekannt durch die gesprengte Eisenbahnbrücke über die Elbe. Berühmt aber auch die Festung: Im 16. Jahrhundert von einem Italiener erbaut, wurde sie auch als Gefängnis genutzt. Einer der Inhaftierten, der berühmte niederdeutsche Schriftsteller Fritz Reuter, verewigte seine Gefangenenzeit in dem Buch „Ut mine Festungstid“.

Das Scheunen-Café entwickelte sich vom Café zum Restaurant. Eines der Hobbys der Geschäftsführerin: Singen. Sie verfügt über eine Reihe von CDs mit selbst komponierten Liedern, die käuflich erworben werden können.

Lammgulasch mit Bärlauch

800 g Lammfleisch
Mehl
3 El Bärlauch
Salz und Pfeffer

In Würfel geschnittenes Lammfleisch in Margarine oder Öl anbraten und schmoren. Anstatt Zwiebeln Bärlauch dazugeben, mit Wasser ablöschen, bis das Fleisch bedeckt ist. Mit Salz und Pfeffer würzen. Garzeit: ca. 1 Stunde.

Mehl mit kaltem Wasser verrühren, damit den Gulasch andicken, wenn er gar ist.

Dazu werden Rotkohl und Salzkartoffeln empfohlen.

LENZER KRUG

17213 Lenz über Malchow

Mitten in der landschaftlich reizvollen Mecklenburgischen Seenplatte, etwas versteckt mitten im Wald, nicht zu weit, aber weit genug entfernt von der A 19, befindet sich diese rustikale Gaststätte. Das den typischen Fischerhäusern nachempfundene Gebäude liegt direkt an der Wasserverbindung des Plauer Sees mit dem Petersdorfer See. So läßt sich der Lenzer Krug zu Wasser und zu Lande erreichen und bietet naturnahe Urlaubsmöglichkeiten. Spezialitäten des Hauses sind Fisch und auch Wild sowie eine reichhaltige Auswahl an Speisen mecklenburgischer Küche.

Rinderroulade „Lenzer Krug“

4 Rinderrouladen 150–170 g
300 g Hackepeter, gewürzt
1 Ei, 2 El Senf
1 mittlere Zwiebel
70 g Speck
70 g Gewürzgurken
40 g Magarine
0,1 l Rotwein
0,7 l Brühe (kann mit gekörnter Brühe vorbereitet werden)
Soßenbinder braun oder Speisestärke
1/4 Lorbeerblatt
4 Pimentkörner
Salz und Pfeffer

Rouladen klopfen und flach auf die Arbeitsplatte legen, mit Salz und Pfeffer würzen, mit reichlich Senf vollflächig bestreichen. Zwiebeln, Speck und Gurke in feine Würfel schneiden und auf der Senffläche verteilen. Hackepeter mit dem Ei vermischen, in 4 Teile portionieren, mit nassen Händen zunächst zu einem Bällchen formen und danach flachdrücken und auf die Würfel legen, so daß diese bedeckt sind. Hackfleisch nochmals ein wenig andrücken. Rouladen rollen und mit Rouladennadeln zusammenstecken.

Margarine erhitzen, Rouladen dazugeben und allseitig anbraten. Danach mit Rotwein ablöschen und den Fond reduzieren lassen. Ist die gewünschte Bräunung noch nicht erreicht, den Vorgang wiederholen. Mit der vorbereiteten Brühe auffüllen und ca. 2 Stunden abgedeckt schmoren lassen. Soße binden, abschmecken und passieren. Um die Soße noch pikanter abzuschmecken, kann man noch etwas vom Gurkenwasser und Senf zusätzlich hinzugeben.

HOTEL AM MARKT
17087 Altentreptow

Mitten in Vorpommern, im Tal der Tollense gelegen, ist diese Stadt eine typische Ackerbürgerstadt mit ihren ein- oder auch zweigeschossigen Gebäuden. Auf den Höfen dahinter Viehhaltung und vor den Toren kleiner Ackerbesitz, so konnten bis in die Mitte des 20. Jahrhunderts die Menschen in diesen kleinen Städten gut leben. Das neugebaute Hotel fügt sich geschmackvoll in das Stadtbild. Die Gaststube ist in mehrere Ebenen unterteilt, so daß sich viele kuschelige Nischen bilden. Die Zimmer des Hotels sind zum Teil behindertengerecht eingerichtet. Eine originelle und herzhafte Küche erwartet den Gast.

In unmittelbarer Nähe befinden sich der Naturerlebnispark Mühlenhagen, der Kummerower See, die Reuterstadt Stavenhagen und die Ivenacker „1000jährigen“ Eichen.

Kummerower Aal in Dillsoße

Kummerower Aal in Dillsoße

1 kg Aal, ausgenommen und ohne Kopf
50 g Möhren
50 g Sellerie
50 g Porree
1 große Zwiebel
Piment
Lorbeer
Zitronensaft
Essig
Salz und Pfeffer

Für die Soße:
40 g Soßenbinder
80 g Sahne
40 g Butter
frisch gehackter Dill und Petersilie
Salz
Pfeffer
Zucker
Zitronensaft

In heißes Wasser Möhren, Sellerie, Porree und die Zwiebel geben. Das Ganze kurz aufkochen lassen. Den Aal mit Salz und Essig entschleimen, ausspülen und waschen. Dann in Portionsstücke schneiden. Diese jetzt in die Brühe geben.

Wichtig: Die Brühe darf nicht kochen. Bei ca. 80 Grad ungefähr 20 Minuten garziehen lassen.

Ist der Fisch fertig, herausnehmen und warm stellen. Die Brühe wieder erhitzen, mit Soßenbinder binden, mit süßer Sahne und Butter verfeinern. Dann mit den Gewürzen abschmecken. Zum Schluß mit den frischen gehackten Kräutern versehen. Jetzt nicht noch einmal erhitzen, da sonst die Farbe der Kräuter verblaßt.

LANDGASTHOF ZUM HAHN
19230 Gammelin

Gammelin liegt zwischen Schwerin und Hagenow, nicht weit von der Autobahn A 24. Schon immer war hier ein Gasthof, und schon immer war die Kneipe neben der Kirche der Mittelpunkt des Dorfes. Hier befindet sich auch das einzige Storchennest des Dorfes. „Adebar“ mit seinem zeitlichen Rhythmus und seiner Standorttreue faszinierte schon über die Jahrhunderte hinweg die Menschen in Mecklenburg, auch heute noch. Über Ankunft und Abflug der Störche wird genau „Buch geführt“, nachzulesen auf einer Holzplatte an der Kirchenmauer.

Gammeliner Gänsetopf

4 Gänsekeulen
400 g Linsen
1,5 l Fleischbrühe
1 Zwiebel
150 g Wurzelgemüse
12 Fingermöhrchen
Rotwein, trocken
40 g Butter
10 Petersilienwurzeln
Feldsalat
Rosmarin
Beifuß
Salz und Pfeffer

Die Linsen in Fleischbrühe ansetzen. Das Gemüse putzen. Dann die Gänsekeulen würzen und anschmoren, danach die Zwiebel und das Wurzelgemüse dazugeben, schön anbräunen lassen, mit Rotwein ablöschen und ca. 60 Minuten schmoren lassen.

Zwischenzeitlich die frischen Fingermöhrchen putzen und mit etwas Kraut in Fleischbrühe ca. 10 Minuten dünsten.

Nun das Linsengemüse abschmecken und im Rechaud anrichten. Die 4 Gänsekeulen darauflegen und die Möhrchen verteilen. Den Feldsalat in der Mitte im Kreis anordnen und die gegrillten Petersilienwurzeln ausrichten.

Den Gänsefond passieren, mit kalten Butterwürfeln sämig rühren und extra reichen.

VILLA KNOBELSDORF
17309 Pasewalk

Eine fast vollständig erhaltene mittelalterliche Stadtmauer mit vielen Türmen grenzt den Stadtkern ein. Die Lage der Stadt direkt an der Grenze zur Mark Brandenburg gab einem den Namen „Kiek in de Mark“. In einem anderen Turm ist das Heimatmuseum untergebracht.

Pasewalk war einst Garnisonstadt. Auf einem der ehemaligen Kasernengelände, hinter der Stadtmauer mit schmiedeeisernem Tor, steht die Villa Knobelsdorf. Das Haus diente als Wohnsitz des Kommandanten, der letzte hieß von Knobelsdorf. Das Restaurant ist im Keller eingerichtet und bietet eine rustikale Atmosphäre. Moderne Ansprüche mit dem Luxus voriger Jahrhunderte vereinen sich in den Räumlichkeiten des Hotels.

Geschnetzeltes nach Braumeisterart

400 g Schweinefilet
400 g Putenbrust
1 große Zwiebel
4–6 Gewürzgurken
2 rote Paprika
8–10 Cherrytomaten
1 Orange
0,5 l Schlagsahne
Bier (Pils)

Weißwein
grüne Nudeln
Margarine
Muskat
Salz und Pfeffer

Das Fleisch und die Paprika in feine kleine Streifen schneiden. Die Zwiebel und die Gewürzgurken in Scheiben schneiden und die Cherrytomaten halbieren.

Jetzt die Nudeln aufsetzen, um die Garzeiten einzuhalten.

Gleichzeitig die Zwiebeln anbraten, bis sie glasig sind, dann das Fleisch dazugeben. Paprika, Tomaten und Gewürzgurken kurz mitbraten lassen, dann das Ganze mit etwas Weißwein und Bier ablöschen. Mit Salz und Pfeffer würzen, die Schlagsahne dazugeben und mit Muskat abrunden. Zum Schluß das Ganze einreduzieren lassen.

LANDGASTHOF ZUR SCHMIEDE
17213 Roez

Der Schmied war in „alten Zeiten“ meist von stattlicher Statur und schon deshalb eine Respektsperson im Dorf. Nicht nur, daß er mit Feuer umgehen und Pferde beschlagen konnte, er stellte auch noch viele nützliche Dinge des täglichen Bedarfs her oder reparierte alles Eiserne. Viele Schmiede verfügten zudem über medizinische Grundkenntnisse. Die Wunden, die ihre Waffen und Gerätschaften schlugen, konnten oft nur sie heilen. Außerdem zogen sie so manchen Zahn.

Die ehemalige Schmiede von Roez, unmittelbar an der B 192 zwischen Malchow und Waren gelegen, ist heute Restaurant und Motel. Vieles im Inneren des Gebäudes, so zum Beispiel bäuerliche Arbeitsgeräte an den Wänden der Gaststätte, erinnern noch an das alte Schmiedehandwerk, und der Kamin, der jeden Tag geheizt wird, strahlt wohlige Wärme und Behaglichkeit aus.

Zanderfilet auf Blattspinat

800 g Zanderfilet
800 g Blätterteig
1 Zitrone
1 Bund Petersilie
1 Bund Dill
1 Ei
80 g Tomatenwürfel
75 g gewürfelte Zwiebel

Salz, Muskat
450 g Blattspinat
80 g Butter
Salz und Pfeffer

Zanderfilet am Abend vorher mit Zitronensaft und Kräutern marinieren und anschließend kalt stellen.

Blätterteig ebenfalls am Abend zuvor aus der Tiefkühltruhe nehmen und in den Kühlschrank legen.

Das Zanderfilet salzen und in Blätterteig einschlagen, hierbei darauf achten, daß nur die Hälfte des marinierten Filets in Blätterteig eingeschlagen ist.

Das Ende des Blätterteiges etwas andrücken und einen Keil hineinschneiden, so daß es wie eine Schwanzflosse erscheint.

Nun das Filet im Blätterteig in den auf 180° vorgeheizten Ofen schieben und 40 Minuten backen lassen.

In der Zwischenzeit wird der Blattspinat in siedendem Salzwasser blanchiert, in das zuvor etwas Muskatnuß und gewürfelte Zwiebeln gegeben wurden. Anschließend auf einem Sieb abtropfen lassen. Um die Farbe des Spinats zu erhalten, kurz in Eiswasser abschrecken. Anschließend den Blattspinat in einer Stielpfanne in Butter schwenken.

RESTAURANT ZUR POST
19294 Eldena

Nach der Niederschlagung Napoleons diente die gut ausgebaute Heeresstraße als schneller und komfortabler Verbindungs- und Nachrichtenweg. In regelmäßigen Abständen wurden Postmeilensäulen oder Meilensteine errichtet mit genauen Entfernungsangaben. Das gleiche galt für die Poststationen, die besonders der Auswechselung und Erfrischung der Pferde dienten und so angelegt waren, daß die Pferde maximale Transportleistungen vollbringen konnten. Zusätzlich wurde die Poststation eine Informationsbörse für Nachrichten aus aller Welt und natürlich Gaststätte und Herberge für die Reisenden.

Und so hat sich auch das Restaurant aus einer alten Station entwickelt. Es liegt an der B 191 zwischen Dömitz und Ludwigslust. Parallel zu dieser Straße führt auch die Elde durch die „Griese Gegend". Eine beliebte Wasserstraße für Freizeitkapitäne ist der Fluß, stellt er doch die Verbindung von Hamburg über die Müritz bis nach Berlin her.

Mecklenburger Hochzeitsbraten

800 g Schweinenacken
Senf
Majoran
Knoblauch
Salz und Pfeffer

Für die Füllung:
Backpflaumen
Zwiebeln
Äpfel

Den Schweinekamm einschneiden und die Tasche mit Majoran, Knoblauch und Senf ausstreichen und mit den geschnittenen Backpflaumen, Zwiebeln und Äpfeln füllen.

Den gefüllten Schweinekamm wickeln, mit Pfeffer und Salz nach Belieben würzen. Im vorgeheizten Backofen bei ca. 250 Grad etwa 120 Minuten schmoren lassen. Als Beilage werden Rotkohl und Salzkartoffeln empfohlen.

Mecklenburger Hochzeitsbraten

HOTEL SCHÄFER ECK
23974 Groß Strömkendorf

Groß Strömkendorf liegt nahe der alten Hansestadt Wismar, vor der Insel Poel an der Wismarer Bucht. Bis vor ungefähr 100 Jahren gelangten die Fischer auf der Insel Poel nur per Schiff oder Kahn nach Hause. Um unabhängig von Wind und Wetter einen Inselzugang zu ermöglichen, wurde zunächst eine hölzerne Brücke mit Damm gebaut. Der einzige Inselzugang beginnt auch noch heute in Groß Strömkendorf.

Gleich neben dieser wichtigen Straße befindet sich das reetgedeckte Hotel und fügt sich somit harmonisch in die Landschaft ein. 1996 umgebaut und renoviert, bietet das Haus – schon immer beliebter Treffpunkt für Gäste und Einheimische – jetzt modernen Komfort.

Lammnüßchen

1 kg Lammrücken mit Knochen
100 g Schafskäse
1 kleiner Kopf Wirsingkohl
100 g Bauchspeck
1/4 l Sahne
50 g Sellerie
50 g Porree
50 g Möhren
1 Zwiebel
1 El Tomatenmark
Knoblauch
Mehl, Eier
Semmelbrösel
Wurzelgemüse
Thymian
Brühe, Petersilie
Salz und Pfeffer

Lammnüßchen

Zuerst wird das Fleisch vom Knochen ausgelöst. (Macht auch der Fleischer; beachten: Knochen mitnehmen, wird für die Soße benötigt.) Vom Fleisch das überflüssige Fett abschneiden. Nun das Fleisch portionieren und die Taschen schneiden. Den Schafskäse und den Knoblauch je nach Geschmack hineingeben.

Nun wird die Soße bereitet. Die Knochen anschwitzen und Sellerie, Porree, Möhren und Zwiebeln dazugeben. Möglichst mit frischem Thymian abrunden. Das Ganze gut verrühren, Tomatenmark dazugeben und mit Brühe ablöschen. Dann alles ca. 1 Stunde einkochen lassen.

Jetzt wird das vorher panierte Fleisch von jeder Seite ca. 2 Minuten mit reichlich Fett in der Pfanne goldbraun angebraten.

Inzwischen ist die Soße fertig. Durchpassieren und nach Bedarf binden.

Als Beilage Rahmwirsing und Petersilienkartoffeln reichen.

MÜRITZ HOTEL
Restaurant Mecklenburg
17192 Klink

Klink liegt direkt an der Müritz. Das Hotel ist von einer großzügigen Parkanlage umgeben. Im Stil der 70er Jahre entstanden, war es damals ein begehrtes Feriendomizil inmitten einer der schönsten Gegenden unseres Landes. In den letzten Jahren entstand eine Appartementsiedlung, die sich harmonisch in das Ensemble einfügt.

Gefüllte Zandertaschen

480 g Zanderfilet
160 g Lachsfilet
130 g Sahne
4 Eigelb
Salz und Pfeffer

Für den Rahmwirsing:
1 Kopf Wirsing
1 1/2 l Sahne
100 g Butter
60 g Mehl
Salz, Pfeffer und Muskat

Für die Polentaplätzchen:
1/2 l Milch
150 g Butter
100 g Maisgrieß
2 Eier
Salz und Muskat

Das Lachsfleisch kleinschneiden und in einer Moulinette zu einer feinen Farce verarbeiten. Langsam Sahne und Eigelb zugeben und gut abschmecken.

Zanderfilet in 4 gleich große Teile portionieren. In der Mitte der Fleischteile eine Tasche hineinschneiden und mit der vorbereiteten Lachsfarce füllen.

Nun die gefüllten Zandertaschen in einer Pfanne langsam braten.

Der Rahmwirsing:
Den Strunk aus dem Wirsing entfernen und in feine Blättchen schneiden. In Salzwasser kurz kochen und abtropfen lassen.

Butter auslassen und den Wirsing anschwenken, mit Mehl bestäuben, mit Sahne auffüllen und cremig einkochen. Mit Salz, Pfeffer und Muskat abschmecken.

Die Polentaplätzchen:
Milch mit der Butter aufkochen und kräftig abschmecken. Maisgrieß schnell einrühren und die Masse eindicken. Ein wenig abkühlen lassen und das Ei unterrühren. Die Masse im warmen Zustand zu einer Walze einrollen.

Das Ganze 30 Minuten pochieren und auskühlen lassen.

Die Polentarolle in Plätzchen schneiden und in Butter goldbraun braten.

WOLFSBERGER MÜHLE
18195 Tessin

Zwischen Tessin und Sanitz, inmitten der Natur, liegt, versteckt zwischen „richtigen“, kurzen und steilen Hügeln an einem Bachlauf, die alte Wolfsberger Mühle. Neben Windkraft wurde bis zur Zeit der Industriellen Revolution nur noch das Wasser als Hauptenergieträger genutzt. Noch heute können an der gesamten Anlage dieser Wassermühle die einstigen Nutzungsmöglichkeiten entdeckt werden. Früher hielt sich der Müller Tiere: Esel, Pferde, Hühner, Ziegen, Katzen und Hunde. Das ist auch heute hier so, und Ferienwohnungen ermöglichen Urlaub auf dem Bauernhof.

Klopfschinken

800 g Schinkenspeck oder Kasslernacken
1 l Buttermilch
4 Eier
1 El Preiselbeeren
50 g Butter
Mehl, Butter
Salz und Pfeffer

Für den Krautsalat:
1 kleiner Weißkohl
Zitrone, Zucker
Speiseöl
Salz und Pfeffer

Für die Bratkartoffeln:
500 g geschnittene Pellkartoffeln
50 g Speckwürfel
50 g Zwiebelwürfel
Salz und Pfeffer

Den Schinkenspeck oder Kasslernacken in Scheiben schneiden und 24 Stunden in Buttermilch einlegen. Dann erst in Mehl und später in den aufgeschlagenen Eiern wälzen. In einer gut gefetteten Pfanne braten, Preiselbeeren dazugeben.

Den Krautsalat grob raspeln, mit Zitrone, Zucker und Öl vermengen und mit Salz und Pfeffer abschmecken.

Die Bratkartoffeln werden in einer gut gefetteten Pfanne zubereitet. Zuerst Schinkenwürfel und die Zwiebeln anschwitzen und Pellkartoffeln in Scheiben dazugeben. Das Ganze leicht anbräunen lassen und mit Salz und Pfeffer abschmecken.

2–3 Tage vorher die Schulter einlegen in einem Sud aus Wasser, Pökelsalz, Lorbeerblättern, Wacholderbeeren, Pfefferkörnern, Majoran und grob gehackten Zwiebeln. Das Ganze kräftig abschmecken. Damit es besser durchzieht, die Schwarte der Schulter mehrfach kreuzweise einschneiden. Butterschmalz in einem Bräter erhitzen und das Fleisch mit der Schwarte nach oben kräftig anbraten. Danach in den auf 200 Grad vorgeheizten Backofen schieben und 30–40 Minuten offen schmoren. Dabei häufig mit Bratenfond übergießen.

Inzwischen das Gemüse putzen, waschen und in grobe Würfel schneiden. Zusammen mit einem Teil der Gewürze aus dem Sud in den Bräter geben und 20 Minuten mitschmoren. Braten aus dem Bräter holen, zugedeckt 15 Minuten ruhenlassen.

Bratenfond durch ein Haarsieb in eine Kasserolle gießen, entfetten und mit angerührter Speisestärke binden. Mit Salz und Pfeffer würzen.

Für das Sauerkraut das Schmalz in einem Topf erhitzen. In Scheiben geschnittene Zwiebeln und den Speck darin glasig dünsten. Das Sauerkraut zufügen, ohne Bräunung anschmoren. Weißwein und 4 Eßlöffel Wasser zufügen. Lorbeer, zerdrückte Wacholderbeeren, Pfefferkörner und Speck in einem Würzsack zum Kraut geben. Im geschlossenen Topf 30–40 Minuten bei mittlerer Hitze schmoren. Die geschälte rohe und geriebene Kartoffel in das Kraut geben, durchrühren und einmal aufkochen lassen. Das Kraut mit Salz und einer Prise Zucker abschmecken.

Schweinekrustenbraten mit Sauerkraut

HOTEL POMMERNYACHT
17373 Ueckermünde

Ueckermünde ist am Ufer der Uecker, vor deren Mündung ins „Kleine Haff" gelegen. Geschichtsforscher vermuten, daß eine Dienstsiedlung eines fürstlichen Sitzes Ursprung der Stadt war. Herzog Philipp I. baute im 16. Jahrhundert die Burganlage zu einem Schloß um. Heute befinden sich das Rathaus der Stadt darin und das Heimatmuseum. Vom Turm hat der Besucher einen herrlichen Rundumblick über Stadt und Haff.

Das neugebaute Hotel liegt direkt am Fluß. Durch die großzügigen Fensterfronten läßt sich das Treiben am Ufer der Uecker verfolgen. Von hier aus fahren Schiffe nach Polen zu beliebten Ausflugszielen.

Lachs und Riesengarnelen mit selbstgemachten Ravioli

Für die Nudeln:
300 g Hartweizengrieß
600 g Mehl, 9 Eier
3 El Olivenöl
1 Bund Basilikum
1/2 Bund Petersilie
1/2 Toastbrot
70 g Butter, 1 Eigelb
Knoblauch, Salz und Pfeffer

Für den Fisch und die Tomaten:
800 g Lachs
8 Riesengarnelen
8 Tomaten
2 Schalotten
Basilikum, Knoblauch
Salz und Pfeffer

Die Ravioli: Weißbrotkrume und grüne Basilikumblätter kleinschnetzeln. Weiche Butter und Eigelb zugeben. Gut durchmixen. Mit Salz, Pfeffer und Knoblauch abschmecken.

Aus Hartweizengrieß, Mehl, Eiern und Olivenöl einen Nudelteig bereiten und zu einer langen Bahn ausrollen. Auf die Hälfte der Bahn die Füllung setzen. Die andere Hälfte darüberlegen. Mit einem runden Gegenstand ausstechen.

Das Tomatenkompott: Tomaten blanchieren, die Haut abziehen, vierteln und Kerngehäuse entfernen. Die Viertel nochmals schneiden.

Schalotten und Knoblauch in Olivenöl anschwitzen. Tomaten hinzugeben, abschmecken. Beim Anrichten Basilikumstreifen zugeben.

Die Riesengarnelen schälen, entdärmen und braten. Den Lachs filetieren.

GASTHAUS & CAFÉ ROSI
18565 Neuendorf/Hiddensee

Hiddensee – die Insel mit dem ganz besonderen Charme. Hier gibt es keine Autos. Wer sich fortbewegen will, kann zu Fuß gehen oder aber mit dem Fahrrad fahren. Auch Pferdegespanne lassen sich mieten. Sehenswert ist der Leuchtturm, das Wahrzeichen der Insel.

Mit dem Aufkommen des Tourismus an der Ostseeküste wurde die Insel zum Geheimtip für Deutschlands und Europas Intellektuelle. So hatte Gerhard Hauptmann hier zeitweise seinen Wohnsitz. Heute ist das Haus Museum und kann besichtigt werden. Auf der Insel wurde der legendäre Goldschatz der Vikinger gefunden. Eine Nachbildung davon ist im Kulturhistorischen Museum Stralsund ausgestellt.

Das Restaurant erinnert an ein landschaftstypisches Fischerhaus. Gemütliche Sitzecken im Inneren bieten reichlich Platz, und während der wärmeren Jahreszeiten kann der Gast auf einer der geschützten Terrassen Platz nehmen.

Pfundschwere Scholle auf Buttergemüse mit frischen Röstkartoffeln

4 küchenfertige Schollen
400 g holländische Soße
4 Scheiben Kräuterbutter
800 g Kaisergemüse

Für die Bratkartoffeln:
800 g Kartoffeln
200 g durchwachsenen Speck
2 große Zwiebeln
Fischgewürz, Salz und Pfeffer

Die Schollen werden in der Mikrowelle bei voller Stufe vorgegart. Das Gemüse wird im Heißwasserbad ebenfalls vorgegart.

Nach dem Vorgaren werden der Fisch, das Gemüse und die holländische Soße auf die vorbereitete Alufolie gelegt und eingewickelt. Anschließend wird alles in dem vorgeheizten Backofen bei ca. 300 Grad weitere 15–20 Minuten gedünstet. Gleichzeitig die Bratkartoffeln in der Pfanne zubereiten. Nach dem Garungsprozeß werden die Scholle in der Folie und die Kartoffeln auf einem großen massiven Holzteller angerichtet.

Zum Dekorieren werden noch ein Kopfsalat, Tomaten, rote Zwiebeln und ein Bund Kräuselpetersilie benötigt.

Die Folie erst kurz vor dem Essen öffnen, damit das Aroma erhalten bleibt.

HOTEL VORPOMMERN
17389 Anklam

Anklam gehörte seit 1283 zum Bund der Hansestädte. Ihren Reichtum mußten die Städter mit starken Mauern und Türmen vor feindlichen Übergriffen schützen: Ungefähr 2 km vor der Stadt steht mitten auf dem Feld der mittelalterliche Wartturm „Hoher Stein“. Von der einstigen Pracht der Hanse blieb durch die Zerstörungen während des zweiten Weltkrieges nicht viel. Im Steintor, in der Nähe der Marienkirche, ist das Heimatmuseum untergebracht. Der Flugpionier Otto Lilienthal, der hier zu Hause war, wird durch ein eigenes Museum gewürdigt.

Bauernroulade mit Sauerkraut und Salzkartoffeln

4 Scheiben Schweinebauch ohne Knochen
200 g Hackfleisch
1 Dose Sauerkraut
2 El Senf, 2 Zwiebeln
2 kleine Gewürzgurken
Kümmel
50 g Speck
60 g Fett (Magarine)
1/2 l Fleischbrühe
1 Tl Tomatenmark
1 Tl Stärkemehl oder Soßenbinder
1 Ei, Salz und Pfeffer
Zucker

Fleischscheiben klopfen, mit Salz und Pfeffer würzen und mit Senf bestreichen. Hackfleisch als Füllung verwenden, vorher mit Salz und Pfeffer würzen, das Ei, die in Würfel geschnittenen Zwiebeln und Gurken unter die Hackfleischmasse mengen. Danach die Hackmasse auf die Bauchfleischscheiben verteilen und fest zusammenrollen, dann mit Rouladennadeln zusammenstecken.

Nun werden die Bauernrouladen in heißem Fett von allen Seiten angebraten. Etwas Tomatenmark zugeben, mit Fleischbrühe auffüllen und bei 220 Grad im Backofen garen, nach und nach mit Fleischbrühe auffüllen, die Soße dann mit Stärkemehl oder Soßenbinder binden.

Das Sauerkraut mit etwas Kümmel kochen, Speck und Zwiebeln würfeln und anbraten, dann unter das Sauerkraut geben. Zum Schluß mit etwas Salz, Pfeffer und eine Prise Zucker abschmecken.

Als Sättigungsbeilage sind Salzkartoffeln zu empfehlen.

HOTEL HÜBNER
18119 Rostock / Warnemünde

Rostock erwarb 1323 den Hafenort Warnemünde an der Warnowmündung. Durch strenge Gesetze, die ein speziell eingesetzter Vogt kontrollierte, wurde bis in das 19. Jahrhundert hinein der Ort Warnemünde von der mächtigen Stadt unterdrückt. Erst als das Kuren an der See in Mode kam, entwickelte sich Warnemünde mit dem Tourismus.

Am 25. Juni 1996 wurde das neu errichtete Tradtionshotel Hübner eröffnet. Dort, wo 1853 der Reeder Gustav Hübner das erste bedeutende Hotel des Ostseebades gründete, wird jetzt an glanzvolle Zeiten angeknüpft. Das helle und mit einer großen Glaskuppel versehene Haus gehört mit seinem unverwechselbaren Ambiente zu den besten Adressen an der Ostseeküste.

Spanisches Roastbeef

600 g Roastbeef
schwarze und grüne Oliven
rote und gelbe Cherrytomaten
rote und gelbe Paprika
4 Zehen Knoblauch
Rucolasalat
Mehl, Semmelmehl
Olivenöl, 2 Eier, 1 Zitrone
Salz und Pfeffer

Das Roastbeef in 3 bis 4 cm große Stücke schneiden, mit Salz und Pfeffer würzen. Danach mehlieren, durch das geschlagene Ei ziehen und im Semmelmehl panieren.

Das Olivenöl erhitzen und das panierte Roastbeef darin goldgelb backen, anschließend herausnehmen und warm stellen.

In dem Olivenöl das Gemüse sowie den Knoblauch kurz anschwitzen und über das gebackene Roastbeef geben. Zitrone darüberträufeln. Mit Baguette servieren.

HOTEL SPEICHER
18356 Barth

Die Stadt Barth liegt unmittelbar am gleichnamigen Bodden. Heute vermuten Forscher, daß hier die sagenhaftte Stadt Vineta gelegen haben könnte, weil eine slawische Siedlung nachweisbar ist. Viele Kapitäne der Rostocker Segelschiffsflotte stammten aus Barth. Die Stadt kann Ausgangspunkt für herrliche Ausflüge sein, zum Beispiel zur Halbinsel Fischland/Darß oder nach Ribnitz-Damgarten. Da Barth über einen gut ausgebauten Hafen mit allen Annehmlichkeiten verfügt, ist dieser auch ein Ziel vieler Freizeitkapitäne.

Das Hotel wurde in einen alten Speicher eingebaut. Innen und außen architektektonisch reizvoll gestaltet, bietet es dem Gast manche Annehmlichkeit, so unter anderem einen faszinierenden Ausblick auf den Barther Bodden durch die großzügig angelegten Fensterfronten.

Boddenzander auf Paprikabutter mit gebackener Zucchini und Auberginen

1 Zander ca. 1,5 kg
2 rote Paprika, 3 Schalotten
1 Knoblauchzehe
Olivenöl, 100 ml Weißwein
150 ml Fischfond
1 schmale Aubergine
2 kleine Zucchini
80 g Butter
1/2 Bund Basilikum
Salz und Pfeffer

Den Zander gleich beim Fischhändler filetieren lassen.

Die Paprikaschoten vierteln und im Ofen bei 220 Grad rösten, bis die Haut Blasen wirft. Die Schoten häuten und kleinschneiden, dann in Butter anbraten und

Boddenzander auf Paprikabutter mit gebackener Zucchini und Auberginen

mit Schalotten und Knoblauch, Weißwein und Fischfond auffüllen. Alles ca. 5 Minuten köcheln lassen und anschließend in einen Mixer geben und kurz pürieren.

Den Zander auf der Hautseite einschneiden, in der Pfanne ebenfalls auf der Hautseite kroß anbraten und anschließend ca. 3 bis 4 Minuten in den Ofen schieben.

Aubergine und Zucchini waschen, trocknen und in feine Scheiben schneiden. Diese mit Salz und Pfeffer würzen und leicht in Mehl wenden. Die Scheiben dann goldgelb und knusprig fritieren. Auf Küchenpapier gründlich abtropfen lassen.

HOTEL GRAVELOTTE
17111 Gravelotte/Meesiger

Der Kummerower See, bekannt für seinen Fischreichtum, liegt inmitten der lieblichen Seenlandschaft Mecklenburgs. Nur wenige Kilometer sind es in die nahegelegenen Städtchen Teterow, Malchin, in die Reuterstadt Stavenhagen und nach Demmin. Museen und Schlösser erwarten den Besucher, wenn ihm der Hotelaufenthalt nicht Abwechslung genug ist.

Das Hotel liegt direkt am Kummerower See und zeichnet sich durch großzügige Gestaltung aus. Allen Wünschen der Hotelgäste kann hier entsprochen werden. Besonders der Wellnessbereich ist ein Erlebnis. Hervorzuheben wäre da das Sierra Med: Wer möchte, kann sich auf angewärmtem Sand entspannen. Für körperliches und seelisches Wohlbefinden sorgen ebenfalls die Massagen mit Heilerde und Öl im Rasul.

Gedünstetes Lachsfilet in Krebsrahmsoße auf Bandnudeln und Fenchel

600 g Lachsfilet
1 große Fenchelknolle
400 g Fischsoße, 2 El Krebspaste
1 Zitrone, Weinbrand
Olivenöl, Salz und Pfeffer

Für die Nudeln:
200 g Weizenmehl
4 Eier
Salz und etwas süße Sahne

Das Lachsfilet salzen und die Fenchelknolle vierteln. Beides auf ein Blech geben. Ca. 15 Minuten dünsten. Für die Krebsrahmsoße die Fischsoße in einem mittleren Topf mit 2 Eßlöffel Krebspaste unter stetigem Rühren erhitzen. Zum Verfeinern eine Butterflocke hinzugeben und mit Weinbrand abrunden.

Für die Bandnudeln das Mehl auf eine Arbeitsplatte geben. Eier, Salz und die Sahne dazu. Alles zu einer festen Masse durchkneten. In handgroße Portionen teilen und diese in dünne Fladen ausrollen und leicht trocknen lassen. Die Fladen übereinander legen und in Streifen schneiden. Dann in siedendes gesalzenes Wasser geben.

HOTEL WALDSCHLÖSSCHEN
18375 Prerow

Prerow – schon immer ein Geheimtip für Urlauber – ist der nördlichste Ort auf dem Darß. Bei einem Rundgang sind die typischen Kapitänshäuser zu entdecken mit ihren nur hier buntbemalten Türen. Das kleine Museum erzählt die Geschichte, die eng mit der Schiffahrt und dem Tourismus verbunden ist. Eine Wanderung am naturbelassenen Weststrand oder durch den Urwald bis hin zum Leuchtturm „Darßer Ort“ abseits vom hektischen Stadtgetümmel läßt diese Art Urlaub zu einem einmaligen Erlebnis werden. Die Halbinsel Fischland/Darß bildet das Zentrum des Nationalparks Vorpommersche Boddenlandschaft.

Das Hotel ist – wie der Name es schon sagt – einem Schlößchen nachempfunden, im Inneren aber modern und komfortabel ausgestattet. Kutschfahrten zum Leuchtturm und damit zum nördlichsten Punkt vom Fischland/Darß sind ein attraktives Angebot für jeden Besucher.

Darßer Rehrücken mit Pfifferlingen und Birnenkartoffeln

700 g Rehrücken
Pfeffer
Salz und Butter
600 g Pfifferlinge
1/4 l braune Grundsoße
1/2 Zwiebel
1 Bund Schnittlauch
Salz und Pfeffer
500 g Kartoffeln
2 Eier
Mehl
Semmelmehl
Muskat
Salz und Pfeffer

Die Kartoffeln kochen und danach pürieren, dann etwas auskühlen lassen und die 2 Eigelb unterheben. Mit Salz, Pfeffer und Muskat abschmecken und kleine Birnen formen. Dann in Wiener Panade (Mehl, Ei, Semmelmehl) panieren und in heißem Öl ausbacken.

Die Pfifferlinge waschen, säubern und in der Pfanne anschwitzen. Die Zwiebeln dazugeben. Mit Salz und Pfeffer würzen. Mit der Grundsoße ablöschen. Zum Schluß mit Schnittlauch bestreuen.

Den Rehrücken auslösen und von Sehnen und Abschnitten befreien. Mit Salz und Pfeffer würzen und in heißer Butter rosa braten. Alles zusammen auf einem vorgewärmten Teller anrichten.

HOTEL WREECHER HOF
18581 Putbus/Wreechen

Malte von Putbus hatte zu Beginn des 19. Jahrhunderts die Idee, auf der Insel Rügen, im Stammsitz seiner Vorväter, ein Seebad nach dem Muster von Bad Doberan zu errichten. Zwischen 1808 und 1823 wurde der gesamte Ort baulich umgestaltet. Orangerie, Marstall, Wohnhäuser, Badehäuser, Theater und die Schloßkirche sind die auffälligsten Merkmale der ehemaligen rügenschen Residenz. Besonders bemerkenswert ist der „Circus" in der Stadtmitte.

Das Hotel liegt am Rande der Stadt in Richtung Neuendorf. Mehrere reetgedeckte Häuser bilden das reizvolle und harmonische Hotelensemble. Besonders Familien mit Kindern sind hier sehr willkommen.

Bodden-Barsch mit Buttersoße und mariniertem Weißkraut

4 Barsche
55 cl Pflanzenfett
100 g Butter
je 1 Karotte, Tomate
Lauchstange (nur das Weiße verwenden)
2 Champignons
4 Pimentkörner
1 Lorbeerblatt
0,25 l trockener Weißwein
2 cl Vermouth
4 Limonen
1 kg Weißkraut
geschlagene Sahne
Mehl
Cayenne
Zucker
Salz und Pfeffer

Die Fische: Die Barsche schuppen, ausnehmen und filetieren (evtl. vom Händler machen lassen). Die Fischgräten kurze Zeit wässern und für den Fond bereithalten. Die Filets würzen und mehlieren. Auf der Hautseite bei mittlerer Temperatur anbraten, dabei leicht beschweren. Mit niedriger Temperatur weitergaren, erst dann wenden und die Butter zugeben. Der Fisch sollte noch saftig sein.

Der Fond: Das Gemüse und die Pilze putzen und fein schneiden. Mit Butter bei niedriger Temperatur dünsten und die zerkleinerten Fischgräten zugeben. Danach mit Weißwein ablöschen und mit Vermouth und Wasser aufgießen. Gewürze und gewaschene Kräuterstiele zugeben. Der Fond muß 10 Minuten köcheln und 5 Minuten ziehen. Danach durch ein feines Sieb oder Tuch abgießen.

Die Buttersoße: Fond und Weißwein auf 1/3 der Flüssigkeit einkochen. Den Vermouth und kalte Butterflocken einmixen. Mit Limonensaft, Cayenne und Salz abschmecken, danach mit etwas geschlagener Sahne verfeinern.

Das Weißkraut: Den Kohl vierteln, die Blattstiele entfernen und die Blätter in feine Streifen schneiden. Gewürze und Limonensaft zugeben und mehrmals kräftig kneten. Dadurch zerreißt die Zellstruktur des Krauts, und es tritt Saft aus, der in Verbindung mit den Zutaten die Marinade ergibt. Mindestens 1 Stunde ziehen lassen. Rapsöl dazugeben. Zum Anrichten das Kraut über ein Sieb abtropfen lassen und etwas erwärmen.

DEUTSCHES HAUS
17328 Grünz

Dicht an der Grenze zu Polen liegt Grünz. Das Dorf gehört bereits zur Stadt Penkun mit ihrem allmählich wieder aufgebauten Schloß. Besonders reizvoll ist die „märkische Eiszeitstraße", ein beliebter Wanderweg. Wer möchte, kann hier seine Geographiekenntnisse aus der Schulzeit auffrischen.

Der besondere Clou des Hotels: Im Garten steht eine TU 134, ein russisches Düsenverkehrsflugzeug. Die Maschine wurde früher als Trainingsobjekt für die Anti-Terror-Bekämpfung benutzt. Im Inneren des Lokals sorgt die Gemütlichkeit der 60er Jahre dafür, daß der Gast sich wohl und geborgen fühlt.

Karpfen braun

1 Karpfen 1–2 kg
1/2 Zitrone
1/2 l Wasser
2 große Zwiebeln
3 Pimentkörner
8 Pfefferkörner
1 Lorbeerblatt
1/2 l Malzbier
100 g Butter
2 El Mehl
saure Sahne
süße Sahne
1 Tl Fliederkreude
Salz und Pfeffer

Den Karpfen in Portionen schneiden, mit Zitronensaft beträufeln und 15 bis 20 Minuten ziehen lassen. Kurz vor dem Kochen mit Salz einreiben.

Alle Gewürze 5 Minuten kochen. Fliederkreude (Das ist eine Paste, gekocht aus Holunderbeeren, als Zutat nicht unbedingt notwendig.), Malzbier und Butter dazugeben. Karpfenstücke bei geringer Hitze ca. 10 bis 15 Minuten in der Brühe ziehen lassen. Anschließend wieder herausnehmen.

Mehl und Sahne verrühren und die Brühe damit binden. Soße abschmecken und die Karpfenstücke hineinlegen. Dazu werden Salzkartoffeln oder Milchreis gereicht.

POMMERNMÜHLE
17373 Ueckermünde

Das Hotel ist an eine Holländerwindmühle angebaut, die den eigentlichen Schankraum bildet. Es befindet sich unweit des bekannten Ueckermünder Zoos. Die Besitzerin, ein Koreanerin, kam über Berlin hierher. Wen sie ins Herz geschlossen hat, der darf ihre zahlreichen Photoalben betrachten. Besonders liebe Gäste werden photographiert und in einem der Alben verewigt.

Pommern-Mühlenplatte

300 g Steakhüfte
300 g Putenbrust
300 g Schweinefilet

Für die Pilzsoße:
500 g Mischpilze
150 g durchwachsener Speck
150 g Zwiebeln
1 Zitrone
1/2 Bund Petersilie
1/2 l Fleischbrühe
Soßenbinder
Salz und Pfeffer

Für die Sauce Hollandaise:
3 Eigelb
250 g Butter
1 El Essig
1/2 Schalotte
Zitronensaft
Salz
4 zerdrückte Pfefferkörner

Zuerst Gemüse und Pilze vorbereiten und dünsten, danach das Fleisch schneiden, würzen und in Öl braten.

Die Mischpilze: Olivenöl, Speck und Zwiebeln goldbraun anbraten, dann die Mischpilze, etwas Salz, Pfeffer und die klare Fleischbrühe hinzugeben. Dies wird auf schwacher Hitze ca. 10 Minuten geköchelt. Das Ganze mit dunklem Soßenbinder abziehen.

Die Sauce Hollandaise: Pfefferkörner, Schalottenwürfelchen, Essig und Wasser zum Kochen bringen und auf 1/3 reduzieren, dann abseihen.

Butter zerlassen, kaltes Wasser und Eigelb zusammen mit der Reduktion verrühren und abseihen, in mäßig heißem Wasser aufschlagen, bis die Masse allmählich verdickt.

Dann die warme Butter zuerst tropfenweise unter das verdickte Eigelb schlagen, das restliche Wasser nach erreichter Konsistenz der Soße zugeben, mit Zitronensaft und Salz abschmecken.

Als Beilagen werden Blumenkohl, Brokkoli und Möhren empfohlen.

RAUCHHAUS MÖLLIN
19205 Möllin

Eine historische Hofanlage ist das Rauchhaus Möllin. Die Gebäude sind bis zu 200 Jahre alt. Das eigentliche Rauchhaus, die historische Gaststätte, ist das letzte dieser Art in Mecklenburg-Vorpommern. Vom offenen Herdfeuer zieht der Rauch durch das ganze Haus. Dabei wurde früher das Getreide getrocknet, Ungeziefer vertrieben, wurden Wurst und Schinken geräuchert.

Die mecklenburgische Geschichte ist ganz besonders auch eine Geschichte der Bauernwirtschaft. Wer sich genauer darüber informieren will, der erfährt im Rauchhaus Wissenswertes, denn das Restaurant dient gleichzeitig als Museum.

Busekows Schweinerollbraten

1,5 kg Schweinekamm
2 El Senf
2 herbe Äpfel
150 g Backpflaumen
50 g Rosinen
1 Tl Thymian
1 Tl Majoran
4 El Bratfett
2 Tassen heiße Fleischbrühe
Mehl
Salz und Pfeffer

Den Schweinekamm waschen, trockentupfen, mit Salz bestreuen und die Innenseite mit Senf bestreichen. Die Äpfel schälen und vom Kerngehäuse befreien, anschließend in feine Scheiben schneiden. Das Fleisch mit Backpflaumen, Rosinen und Apfelscheiben belegen, mit Thymian und Majoran bestreuen. Dann das Fleisch wickeln und binden.

Das Fett im Bräter erhitzen und das Fleisch darin von allen Seiten braun anbraten. Den Backofen auf 180 Grad vorheizen. Das Bratfett bis auf einen kleinen Rest abgießen, 1 Tasse Fleischbrühe seitlich zugießen und den Braten im Ofen 1–1,5 Stunden weich schmoren. Nach Bedarf die heiße Fleischbrühe nachgießen. Das Fleisch warm stellen, den Bratensatz loskochen, mit Mehl abbinden und mit Salz und Pfeffer abschmecken.

Busekows Schweinerollbraten

FERIENPARK AM BODDEN
18356 Fuhlendorf

Fuhlendorf ist ein zauberhafter kleiner Ort an der Küste des Barther Boddens, umgeben von vielen Kiefernwäldern. Im Ferienpark wird der Besucher überwiegend in Doppelhaushälften untergebracht. Die sehr großzügig gestaltete Anlage wurde 1993/94 erbaut und liegt unmittelbar am Boddengewässer. Wassersportler finden hier die günstigsten Bedingungen. Sollten Wasser, Wind und Wellen nicht genügen, empfiehlt sich ein Besuch des Bersteinmuseums in Ribnitz-Damgarten oder des Vineta-Museums in Barth.

Schollenfilet im Zwiebelbett

8 Schollenfilets
2 El Zitronensaft
2 El Mehl
2 El Mango Chutney
80 g Butter
100 g Nordseekrabben
2 Zwiebeln
1 Glas Weißwein
1 Bund Dill
1 Tomate
1 Paprika
Fischgewürz
Salz und Pfeffer

Die Schollenfilets trockentupfen, mit Zitronensaft beträufeln und salzen. Die Filets in Mehl wenden. Butter in die heiße Pfanne geben, die Filets dazu und ca. 3 Minuten von jeder Seite goldbraun braten.

Krabbenfleisch trockentupfen, in der Pfanne heiß werden lassen. Zwiebelringe schneiden und in heißer Butter anbraten, mit Weißwein ablöschen. Tomate und Paprika schneiden und dazu geben, nochmals einige Minuten dünsten.

Gemüse auf einer vorgewärmten Platte anrichten und mit den Schollenfilets garnieren. Anschließend die Krabben daraufgeben und mit gehacktem Dill bestreuen.

Dazu Curryreis reichen. Ein kräftiger Weißwein und frischer Salat passen sehr gut dazu.

REITHOTEL & GÄSTEHAUS ALTE SCHULE BARLIN
17159 Barlin

Früher wurden in den Dorfschulen alle Kinder von der 1. bis zur 8. Klasse gemeinsam unterrichtet. Der Rohrstock war allzuoft einziges Erziehungsmittel. Die Schule gibt es hier nicht mehr, nur noch der Name ist erhalten.

Heute besteht die Anlage eigentlich aus zwei Hotels: das eine für Urlauber, die Ruhe und Entspannung suchen, das andere speziell für Kinder, die Reitferien machen möchten. Hier ist auch deshalb kindgerechte Küche selbstverständlich. Reitunterricht aller Art kann im Urlaubspaket mitgebucht werden.

Gefüllte Wildschweinschulter

2 kg Wildschweinschulter
500 g Brustabschnitte vom Reh
50 g Wildschweinfett
1 Ei
5 Backpflaumen
1/2 Zwiebel
Rosmarin
Basilikum
Salz und Pfeffer

Für die Knödel:
120 g rohe Kartoffeln
120 g gekochte Kartoffeln
50 g Speck
50 g Semmelbrösel

Brustabschnitte vom Reh und das Wildschweinfett durch den Fleischwolf drehen. Die Fleischmasse mit Salz, Pfeffer, einem Ei, der kleingehackten Zwiebel und den kleingeschnittenen Pflaumen durchkneten. Die Wildschweinschulter ausbreiten, leicht mit Salz, Rosmarin und Basilikum würzen. Dann die Fleischmasse zu einer

Rolle formen und auf die Schulter legen. Die Masse in die Schulter einrollen und verschnüren. Von außen mit Salz und Rosmarin würzen und im vorgeheizten Backofen 20 Minuten anschmoren. Zwischendurch wenden. Mit Wasser auffüllen und abgedeckt 45 Minuten ziehen lassen.

Die gekochten Kartoffeln musen, die rohen Kartoffeln reiben und in einem Küchentuch auswringen. Beides vermischen. Speck auslassen und die Brösel in der Pfanne rösten. Die Kartoffelmasse zu Kugeln formen und den Speck und die Brösel mittig einarbeiten.

HOTEL HAFERLAND
18375 Wieck

Abseits der Bäderstraße auf der „Boddenseite“ des Darß liegen die drei miteinander verbundenen Reetdachhäuser auf einem 25 000 m^2 großen Grundstück gegenüber dem kleinen malerischen Seglerhafen des Erholungsortes Wieck. Beschaulichkeit und Ruhe sind die wichtigsten Argumente für einen Urlaub in dieser reizvollen Gegend, die sich sowohl zum Segeln als auch zum Radfahren eignet. Nicht weit davon entfernt laden die Ostseebäder Prerow, Ahrenshoop und Wustrow zu einem Besuch ein.

Das Besondere an der Küche dieses Hotels ist, daß hier nur Zutaten Verwendung finden, die aus ökologischem Anbau kommen. Brot und Brötchen werden übrigens im eigenen Steinbackofen hergestellt.

Zander im Reisblatt

Zander im Reisblatt

800 g Zanderfilet
Zitrone
8 Reisblätter (aus dem Asialaden)
Wilder Kerbel

Für das Kirschtomatenragout:
600 g Kirschtomaten
40 g Butter
4 Schalotten
Knoblauch

Für das Sellerie-Kartoffel-Püree:
400 g Kartoffeln
400 g Sellerie
1 l Milch
40 g Butter
Muskat
Salz und Pfeffer

Für die Sauerampfersoße:
800 ml Fischfond
400 ml Sahne
Zucker, Zitrone
12 große Blätter Sauerampfer

Zanderfilets häuten, teilen (so daß sie auf je ein Reisblatt passen), säuern und leicht salzen. Auf jedes Reisblatt einen Zweig wilden Kerbel legen und mit dem Zanderfilet einschlagen. Beidseitig in Olivenöl braten und auf einem Küchentuch abtropfen.

Das Sellerie-Kartoffel-Püree: Kartoffeln und Sellerie kochen, durch eine Kartoffelpresse drücken. Salz, Muskat und Butter zugeben und mit der heißen Milch verrühren.

Das Kirschtomatenragout: Schalottenwürfel in der Butter anschwitzen, halbierte Kirschtomaten zugeben und mit Salz, weißem Pfeffer, Zucker und Knoblauch abschmecken.

Die Sauerampfersoße: Fischfond und Sahne auf ca. 100 ml einkochen, pürierten Sauerampfer zugeben und mit wenig Zucker abschmecken.

VIER LINDEN
19246 Zarrentin

An der Südspitze des Schaalsees zwischen Mecklenburg und Schleswig-Holstein, im ehemaligen Sperrgebiet, hat dieses Lokal seit 1920 seinen Platz. Damit ist es eine der ältesten Gaststätten des Ortes. Bevorzugt wird hier die deftige Hausmannskost. Das schließt aber besondere Gerichte, wie zum Beispiel die Zubereitung der Edelmaräne, nicht aus.

Nur wenige Schritte trennen den Besucher von den Sehenswürdigkeiten der Stadt, wie dem Rathaus, dem Kirchplatz mit Kirche, einer ehemaligen Klosterkirche und Resten des Zisterzienser-Nonnen-Klosters, das 1250 gegründet wurde. Um die Nonnen und das Kloster ranken sich viele Sagen. Am bekanntesten ist die, wie die Glaubensschwestern den Teufel überlisteten, um Maränen im Schaalsee angeln und später essen zu können.

Edelmaräne mit Dillsoße

2 Maränen
1 Zitrone
Butter
Brühe
Dill
Sahne
Mehl
Salz und Pfeffer

Die Maräne waschen und mit Salz, Pfeffer und Zitrone würzen. Dann mehlen und in Butterfett bei mittlerer Hitze ca. 15 Minuten bei mehrmaligem Wenden braten.

Die Dillsoße: Mit Butter und Mehl eine helle Soße herstellen. Mit Brühe ablöschen. Abschmecken und mit Dillspitzen und etwas Sahne verfeinern. Als Beilagen werden Petersilienkartoffeln und eine gemischte Salatgarnitur empfohlen.

Edelmaräne mit Dillsoße

HOTEL ZUR ALTEN SCHMIEDE
18569 Schaprode

Die alte Schmiede war nie eine Schmiede, sie ist ein neues Haus, das dennoch viel Gemütlichkeit ausstrahlt. Kaminbar, römisches Dampfbad, finnische Sauna und Pool-Billard stehen dem Besucher zur Verfügung. Besonders reizvoll für die Besucher sind die jedes Jahr im Frühling und im Herbst hier in Scharen rastenden Zugvögel.

Entenbrust auf Sanddorn-Kürbisgemüse und Weißkohl

600 g Entenbrust ohne Knochen
1 dicke Zwiebel
1 große Möhre
100 g Kürbis
1 Glas Geflügelfond
1 Glas Orangensaft
Butter
Salz und Pfeffer

600 g Weißkohl
1 mittlere Zwiebel
2 El Butter
2 El Sanddornmarmelade
1 El Sanddornsaft
Salz und Pfeffer

300 g Kürbis
1 El Butter
2 El Weißwein
Salz und Pfeffer

Die Entenbrust auf der Hautseite in einer Pfanne ohne Fett ca. 5 Minuten braten, wenden und weitere 4 Minuten braten. Aus der Pfanne nehmen. Im Entenfett das grob geschnittene Gemüse anrösten, mit Geflügelfond und Orangensaft ablöschen, nach Bedarf noch Wasser zugeben und ca. 20 Minuten durchkochen. Dann passieren, reduzieren, entfetten und mit Salz und Pfeffer abschmecken, nach Bedarf mit Soßenbinder andicken.

Für den Weißkohl die gewürfelte Zwiebel in Butter andünsten. Den in feine Streifen geschnittenen Weißkohl zugeben und mitdünsten. Sanddornmarmelade zugeben und kurz durchschmoren. Den Sanddornsaft vorsichtig zugeben und auch etwas Wasser, um das Anbrennen zu vermeiden. Je nach Geschmack bißfest oder weich garen, mit Salz und Pfeffer abschmecken.

Für das Kürbisgemüse Butter schmelzen, den grob geraspelten Kürbis hineingeben und durchschwenken. Wein zugeben und bißfest garen.

Vor dem Anrichten die Entenbrust für ca. 5 Minuten unter den Grill schieben und dann noch etwas ruhenlassen.

LANDHOTEL WITTENBECK
18209 Wittenbeck

Das moderne Hotel im Landhausstil, das sich harmonisch in die Landschaft einfügt, liegt an der Bäderstraße zwischen Heiligendamm und Kühlungsborn am Rande der „Kühlung“. Der ganze Ort ist auf Urlauber eingestellt. Sogar die historische Dampfeisenbahn „Molli“ auf dem Weg von Bad Doberan über Heiligendamm bis nach Kühlungsborn macht hier halt. Die Ostseegemeinde Wittenbeck verfügt über einen eigenen Strandzugang mit großem Parkplatz, Sanitäreinrichtung, Strandkorbverleih und Versorgung.

Fischteller Wittenbeck

300 g Seelachsfilet
300 g Lachsforellensteak
300 g Zanderfilet
2 kleine Stangen Lauch
300 g frische Champignons
200 g Möhren
1 Knolle Sellerie
0,1 l Schlagsahne
Küchenkräuter
Sahne
Butterschmalz
Salz und Pfeffer

Den Fisch säubern, säuern, salzen, portionieren und in Butterschmalz von beiden Seiten goldgelb braten. Den Fisch warm stellen.

Das Gemüse parallel zum Fisch zubereiten. Lauch und Möhren in feine Streifen schneiden, Champignons je nach Größe halbieren oder vierteln. Das vorbereitete Gemüse in wenig Butterschmalz bißfest dünsten. Mit Salz und Pfeffer würzen. Mit 0,1 l Schlagsahne geschmacklich abrunden und etwas einreduzieren lassen.

Den gebratenen Fisch auf dem Rahmgemüse zusammen mit drei kleinen Kartoffeln anrichten. Das Gericht mit reichlich Petersilie, Zitronenkeil, Tomatenscheibe und Dillzweig garnieren.

SCHÖNE AUSSICHT
23992 Neukloster

Das Restaurant macht seinem Namen alle Ehre: Der Gast genießt durch die großzügige Fensterfront einen herrlichen Blick über den Neuklostersee. Spezialitäten des Hauses sind Fischgerichte und eine äußerst wohlschmeckende Knoblauchsuppe.

1219 gründeten Nonnen das Kloster „Sonnenkamp“, doch überall wurde es nur als das neue Kloster bezeichnet und gab deshalb dem entstehenden Ort seinen Namen. Das Propsteigebäude und die backsteingotische Kirche zeugen noch heute von der Baukunst der Nonnen. In der Mitte des 19. Jahrhunderts entstanden in Neukloster ein Lehrerseminar und 1865 die älteste Blindenanstalt Deutschlands.

Mecklenburger Sauerfleisch

600 g Schweineschulter
ohne Schwarte und Knochen
3–4 Zwiebeln, Pökelsalz
2–3 Lorbeerblätter
Wacholderbeeren
Pimentkörner
Essig, Zucker
2 l Wasser
Salz und Pfeffer

Für die Bratkartoffeln:
600 g Kartoffeln (festkochend)
Speck
Zwiebeln
Butterschmalz
Salz und Pfeffer

Das Fleisch wird 2–3 Tage in einem Sud eingelegt, bestehend aus Wasser, Pökelsalz, Lorbeerblättern, Wacholderbeeren, Pimentkörner und grobgehackten Zwiebeln.

Den Sud durchseien und mit dem Fleisch kochen. Das geronnene Eiweiß abschöpfen, dann die Zutaten mitkochen. Eine halbe Flasche Essigessenz und 8 Eßlöffel Zucker zugeben. Das Fleisch so lange kochen, bis es weich ist. Das Fleisch aus dem Topf nehmen und abkühlen, damit es sich schneiden läßt. Jetzt das Fleisch in grobe Würfel schneiden und in Weckgläser füllen. Den Sud durchseien und mit Aspikpulver aufkochen lassen. Das Ganze in Gläser füllen. Dann ca. eine halbe Stunde abkühlen lassen.

Die Kartoffeln mit Schale kochen. Einen Schuß Öl ins kochende Wasser geben. Dann lassen die Kartoffeln sich besser pellen. In einer Pfanne Speck anbraten, die geschnittenen Kartoffeln hinzufügen. Wenn die Kartoffeln schon etwas braun sind, die gehackten Zwiebeln dazugeben. Mit Salz und Pfeffer würzen. Am Schluß Butterschmalz dazugeben. Dadurch bekommen die Bratkartoffeln einen angenehmen Buttergeschmack.

Mecklenburger Sauerfleisch

ZUR MÜHLE
19374 Goldenbow

Goldenbow liegt an der Straße von Crivitz nach Parchim. Schon von weitem ist die Mühle zu sehen. Die Geschichte der größten Galerieholländermühle Mecklenburgs hat trotz vieler trauriger Jahre ein gutes Ende genommen. An der Instandsetzung dieses technischen Denkmals versuchten sich vor der Wende sogar Bergsteiger aus der Sächsischen Schweiz.

Heute ist die Historie der Mühle durch Fotos dokumentiert. Zum Lokal ausgebaut, bietet sie jetzt in drei Etagen gastronomischen Service an. Pute in vielen Variationen, sogar Puteneisbein, steht auf der Speisekarte. Serviert wird hauptsächlich typisch Mecklenburger Küche.

Plusterschinken

4 kg Schweinekeule ohne Fett und Knochen
3 kg Roggenbrotteig
1 Eiweiß
1 große Zwiebel
1 große Möhre
Sellerie, Lauch
1/2 l Brühe
Mehl, Butter
Thymian, Liebstöckel
Frischer Estragon
Lorbeer
Petersilie
Basilikum
Piment, Kümmel
Paprika edelsüß
Pökelsalz
1/2 l Bier
Salz und Pfeffer

Plusterschinken

Die Schweinekeule vom Fleischer spritzen lassen und darauf achten, daß sie möglichst wenig Fett hat. Das Fleisch von allen Seiten anbräunen. Zwiebel, Möhre, Lauch und Sellerie grob würfeln und zum Braten dazugeben. Ist das Gemüse angeröstet, mit der Brühe ablöschen und eine halbe Stunde köcheln lassen.

Den Roggenbrotteig ausrollen bis zu einer Fläche, die groß genug ist, das Fleisch darin einzurollen. Fleisch darauflegen, je nach Geschmack würzen und einrollen. Die Umhüllung darf keine Lücken zeigen. Teig an der zusammengelegten Stelle mit Eiweiß bestreichen.

Den Plusterschinken auf ein Blech legen. Bei ca. 200 Grad im Ofen ca. 2 Stunden garen. Das Gemüse in der Soße pürieren. Nach Bedarf mit Mehl und Butter binden. Als Beilage Sahnesauerkraut, Senf und ein kühles Bier.

HOTEL SCHWERINER HOF
18225 Ostseebad Kühlungsborn

Das Ostseebad Kühlungsborn ist erst seit den 30er Jahren des 20. Jahrhunderts eine Stadt. Zuvor besuchten die Sommergäste die drei Flecken Fulgen, Ahrendsee und Brunshaupten. Mit dem zunehmenden Tourismus stieg auch die Zahl der Hotels und Pensionen, es entwickelte sich eine eigene Bäderarchitektur.

Das Hotel ist nicht nach der Landeshauptstadt benannt. Karl Schwerin erwarb 1902 das Gebäude und errichtete ein Warmbad. Immer dann, wenn der Geldbeutel es erlaubte, wurde am Haus angebaut und aufgestockt. Dieser Bauablauf führte zu der asymmetrischen Hausform mit den einzelnen Türmchen am nordöstlichen Giebel.

Lachsfilet in Zitronenrahm

1 Lachsfilet knapp 1000 g
Butter
1/4 l Sahne
2 Zitronen
Blattspinat
1 Zwiebel
150 g Bauchspeck
Kerbel
Salz und Pfeffer

Den Lachs in Streifen schneiden, etwas pfeffern und salzen. Butter in der Pfanne erhitzen, den Lachs von beiden Seiten kurz anbraten. Mit etwas Zitrone beträufeln. In einer Schüssel die Sahne mit dem Saft einer Zitrone und Salz und Pfeffer verrühren. Mit zum Lachs in die Pfanne geben und wenige Minuten dünsten.

In einem Topf Butter erhitzen, den gewürfelten Speck kräftig anbraten. Die Zwiebel in Ringe schneiden und mit dem Blattspinat in den Topf geben. Wenig würzen.

Kurz bevor der Lachs servierfertig ist, etwas Kerbel in den Zitronenrahm geben. Dazu wird Baguette gereicht, da man bei der Soße ruhig tunken darf. Salzkartoffeln oder grüne Nudeln eignen sich aber auch sehr gut.

Lachsfilet in Zitronenrahm

dei Sassi
cavi

POELER FORELLENHOF
23999 Niendorf/Poel

Land- und seeseitig ist von der Insel Poel eigentlich nur seit alters her der Kirchturm weithin zu erkennen. Viel später kam der Leuchtturm von Timmendorf hinzu. Einst stand auch ein Schloß hier, von dem jedoch nur noch Erdwälle übrig sind.

Auf der Fahrt in Richtung Kirchdorf trifft der Besucher auf diese Gaststätte mit hervorragender Küche und origineller Einrichtung. Ursprünglich war der Gebäudekomplex eine Forellen-Zuchtanlage, die sich nach der Wende aber nicht mehr rechnete. Es wurde mit einem maritimen Stützpunkt begonnen, aus dem sich nach und nach die gastronomische Einrichtung entwickelte.

Dorschroulade in Wirsing mit Rote-Beete-Schaum und Kartoffelsoufflé

Für die Roulade:
1 Kopf Wirsing
600 g Dorschfilet
100 ml Sahne
2 Eiweiß, 1 Eigelb
Petersilie, Salz und Pfeffer

Für die Soße:
250 g frische Rote Beete
100 ml Sahne
Zucker, Salz und Pfeffer

Für das Soufflé:
400 g Kartoffeln
2 Eiweiß, 2 Eigelb
150 ml Sahne
100 g Butter
100 g Grieß

Dorschroulade in Wirsing mit Rote-Beete-Schaum und Kartoffelsoufflé

Wasser mit einer Prise Salz zum Kochen bringen. Den Wirsing hinzugeben und köcheln lassen, bis der Kohl gar ist. Das Dorschfilet durch den Fleischwolf drehen und mit Eiweiß und Eigelb vermengen. Mit Salz und Pfeffer würzen. Die Sahne schlagen und unter die Dorschmasse heben, geschnittene Petersilie dazugeben. Die Blätter vom Kohl lösen und 4 Tassen damit auskleiden. Mit der Dorschmasse auffüllen und die Tassen mit dem Wirsing schließen. Die Roulade bei ca. 100 Grad 15 Minuten dämpfen.

Die Soße: In einem Topf mit kochendem Wasser die frische Rote Beete 5 Minuten ziehen lassen, dann schälen und kleinschneiden. Das Ganze 45 Minuten köcheln lassen. Mit Zucker Salz und Pfeffer abschmecken. Sahne unterrühren und mit einem Pürierstab schaumig schlagen.

Das Soufflé: Kartoffeln kochen. Butter und Grieß in einer Pfanne anschwitzen. Kartoffeln pürieren und Eigelb, Sahne und den angeschwitzten Grieß hinzugeben. Mit Salz, Muskat und Pfeffer abschmecken und das vorher geschlagene Eiweiß unterheben. In eine vorgefettete Form geben und im Ofen bei 180 Grad ca. 25 Minuten ausbacken lassen.

HOTEL MECKLENBURGER HOF
19412 Brüel

Brüel ist eine typische Ackerbürgerstadt, gelegen an der Landstraße zwischen Sternberg und Wismar, die direkt durch den Ort geht. Fast in der Mitte der kleinen Stadt teilt sich die Straße und führt kreisförmig um die Kirche herum. Hier kann mittelalterliche Stadtbaugeschichte nachempfunden werden.

Der Mecklenburger Hof ist ein Neubau, der sich dem typischen Charakter der Ackerbürgerhäuser gut anpaßt.

Dank der raffinierten Küche hat sich das Hotel zu einem absoluten Geheimtip entwickelt. Eine Adresse, die man aus rein egoistischen Gründen nur ungern weitergibt.

Gefüllte Hähnchenbrust mit gepökelter Schweinelende (oder Filet)

4 Hähnchenbrüste
100 g gepökeltes Schweinelende oder Filet
1 Bund Möhren
1 Stange Lauch
400 g festkochende Kartoffeln
Zitrone
Worcester Sauce
Safran, Sahne
Zucker
Salz und Pfeffer

Die Hähnchenbrüste 2 Stunden vorher mit etwas Zitronensaft und Worcester Sauce marinieren. Die gepökelten Schweinelenden (oder Filet) in fingerdicke Streifen schneiden und mit dem blanchierten Grün vom Lauch bewickeln. In das Hähnchenbrustfilet seitlich eine Tasche schneiden und die umwickelten Lendenstücke (oder das Filet) einstecken. Mit Rouladennadel oder Zahnstocher fixieren.

Die Hähnchenbrüste ca. 10–12 Minuten in Butterschmalz anbraten. Von beiden Seiten bei mittlerer Hitze garziehen. Anschließend warm stellen. Den Bratenfond mit Sahne ablöschen.

Die Möhren tounieren (in Form bringen/schneiden) und im Wasser unter Zugabe von Salz und Zucker al dente (bißfest) garen.

Bei den festkochenden Kartoffeln wird dem Kochwasser Salz und eine Messerspitze Safranpulver zugegeben.

Gefüllte Hähnchenbrust mit gepökelter Schweinelende (oder Filet)

LANDGASTHOF ST. MORITZ
17237 Quadenschönfeld

Dieses Gasthaus ist voller Überraschungen: Kein übliches Erscheinungsbild erwartet den Besucher hier, sondern ein stillgelegter Bahnhof. Rund ums Gebäude stehen noch Teile der Anlagen, wie Signale, Weichen und ähnliches. Im Inneren sind liebevoll zusammengetragene Dinge rings um die Eisenbahn, wie Mützen, Schilder, Signalteile, Pfeifen und Bilder, zu bestaunen. Unter der Decke fahren auf Wunsch zwei Miniaturzüge schnaufend ihre Kreise und lassen Eisenbahnerherzen höher schlagen.

Gebratenes Zanderfilet auf Blattspinat mit knusprigen Bratkartoffeln

4 Zanderfilets
500 g festkochende Kartoffeln
500 g Blattspinat
100 g Speck, 2 Zwiebeln
200 g Sahne
2 El Butterschmalz
4 El Olivenöl
100 g gehobelte Mandeln
Muskat, Salz und Pfeffer

Die Zanderfilets salzen und säuern und im Mehl-Mandel-Gemisch wälzen. Dann in Olivenöl von beiden Seiten ca. 15 Minuten braten.

Die fast gargekochten und gepellten Kartoffeln abkühlen lassen und dann in Scheiben schneiden. In 50 g ausgelassenen Speck sowie Butterschmalz goldbraun braten. Mit Salz und Pfeffer abschmecken.

Den vorbereiteten Blattspinat in 50 g ausgelassenem Speck und die darin gedünsteten Zwiebeln geben. Die Sahne unterrühren und alles mit Muskat, Salz und Pfeffer abschmecken. Ca. 15 Minuten köcheln lassen.

Gebratenes Zanderfilet auf Blattspinat mit knusprigen Bratkartoffeln

HOTEL-RESTAURANT HEIDEHOF
19230 Moraas

Das Hotel befindet sich in der Nähe von Hagenow. Der Heidehof war einmal ein richtiger Bauernhof, ein typischer Drei-Seiten-Hof, angelehnt an die Architektur der niedersächsischen Hallenhäuser. Seit 1838 steht das Hauptgebäude und wurde 1991 zum Hotel und Restaurant umgebaut. Dennoch blieb Charakteristisches des Bauernhofes erhalten, und ein kleiner Weiher zwischen den Häusern lockt viel Federvieh an. Im Inneren gibt es gemütliche Nischen, behagliche Plätze findet der Gast auch um den großen Kamin.

Lammlachse mit Mandel-Käsekruste

800 g Lammlachse
100 g Mandeln, gehackt
100 g Käse in Würfeln
200 g Paniermehl
80 g flüssige Butter
1000 g Schneidebohnen
1/2 Zwiebel
4 cl Sherry
8 mittelgroße Kartoffeln
400 ml Bratenfond
Olivenöl, Basilikum
Kerbel
Salbei
Thymian
Paprika
Zucker
Salz und Pfeffer

Das Fleisch: Lammlachse schräg halbieren, mit Salz und Pfeffer würzen. Pfanne mit Olivenöl erhitzen und das Fleisch von allen Seiten anbraten. Auf ein Ofenblech geben und 15 Minuten bei 180 Grad garen. Kurz vor Ende der Garzeit die Kruste auftragen und noch einmal für 5 Minuten in den Ofen geben.

Die Mandelkruste: Paniermehl mit Mandeln und gehackten Kräutern vermischen und mit flüssiger Butter und Käse zu einer Masse verrühren.

Das Gemüse: Schneidebohnen waschen, von den Stielen trennen und halbieren. Die Hälften in Streifen schneiden und in heißem Salzwasser blanchieren. Zwiebeln in einer Pfanne mit Olivenöl anschwitzen und die Schneidebohnen dazugeben. Mit Salz und Pfeffer würzen.

Die Kartoffelbeilage: Kartoffeln in 4 Hälften schneiden und halbmondähnliche Kartoffeln tournieren. Diese Schloßkartoffeln in Wasser kochen und danach abgießen. Pfanne mit Olivenöl erwärmen und die Kartoffeln darin schwenken. Mit Salz und Paprika würzen. Sie sollten leicht goldbraun werden.

Die Soße: Bratenfond mit Sherry in einem Topf einreduzieren, mit Salz und Pfeffer und etwas Zucker abschmecken.

HOTEL ZUR BURG
17094 Burg Stargard

Stargard bedeutet alte Burg. Auf einem Berg hoch über der Stadt thront die älteste Höhenburg Nordeuropas. Zunächst brandenburgische, später Mecklenburger Fürsten wohnten hier. Im Laufe der Zeit wurde an der Burganlage wenig verändert, und deshalb können heute auch noch die mittelalterlichen Wohnbedingungen nachempfunden werden. Der Bergfried lädt zum Blick ins Land ein, das Museum will Geschichte erlebbar machen.

Im Tollensetal bietet die Stadt Historisches und romantische Spaziergänge in den verwinkelten Gassen. Das Hotel befindet sich im Zentrum am Markt. Bekannt und begehrt ist in der Gegend das leckere Eis, das in der dem Haus angeschlossenen Eisdiele produziert wird.

Wildschweinsteak mit Kartoffelrouladen

8 Wildschweinsteaks
30 ml Pflanzenöl
Salz und Pfeffer

Für die Soße:
400 g Champignons
30 g Butter
2 Schalotten
100 ml Weißwein
300 ml Sahne
60 g Gouda
Petersilie
Thymian
Paprika edelsüß
Salz und Pfeffer

Für die Rouladen:
500 g Kartoffeln
20 g Speisestärke
50 g Weizenmehl
20 g Grieß
2 Eigelb, Butter
250 g Speck
Petersilie, Majoran
Salz

Die Steaks: Die feingeschnittenen Schalotten in der Butter glasig dünsten, die Champignons zugeben, mit Salz und Pfeffer würzen. Alles mit Weißwein ablöschen und den Fond reduzieren. Die Sahne aufgießen und etwa auf die Hälfte einkochen lassen. Die Wildschweinsteaks salzen, pfeffern und im heißen Öl in der Pfanne anbraten. Die Hitze etwas reduzieren und weitere 6 bis 8 Minuten braten. Die Steaks aus der Pfanne nehmen und in eine feuerfeste Form legen. Die Champignonsoße über die Wildschweinsteaks geben. Den kleingeschnittenen Gouda darüber verteilen und mit edelsüßem Paprikapulver bestäuben. Die Steaks unter dem Grill langsam gratinieren (überbacken).

Die Kartoffelrouladen: Die Kartoffeln schälen, waschen in Stücke schneiden und ca. 20 Minuten kochen. Dann feinhacken oder reiben und mit Mehl, Stärke, Grieß, Eigelb, Salz und zerlassener Butter zu einem glatten Teig verarbeiten.

Für die Füllung den Speck in kleine Würfel schneiden und auslassen. Die Zwiebel abziehen, fein würfeln, zu dem Speck geben und goldbraun anschwitzen. Petersilie und Majoran unterrühren, abkühlen lassen. Den Kartoffelteig auf einer mit Mehl bestreuten Platte zu einem Rechteck ausrollen, gleichmäßig mit der Füllung bestreichen und aufrollen. Eine Stoffserviette gut mit Butter bestreichen. Die Kartoffelroulade darin einrollen und die Enden mit Küchengarn zubinden. In kochendes Salzwasser geben, ca. 35 Minuten kochen lassen. Nach dem Herausnehmen kurz in kaltes Wasser tauchen. Auswickeln, die Roulade in Scheiben schneiden und Semmelbutter darübergeben. Mit gehackter Petersilie bestreuen.

Wildschweinsteak mit Kartoffelrouladen

Baden ·

AUSFLUGSGASTSTÄTTE UND PENSION WILHELMSHÖHE
18119 Diedrichshagen

Die Pension liegt direkt an der Steilküste ungefähr 12 m hoch über der Ostsee in der Nähe von Warnemünde. Bei klarem Wetter schaut man vom Restaurant sogar bis nach Dänemark. Wegen der unmittelbaren Strandnähe war dies schon immer ein beliebtes Ausflugsziel. Nach der Wende wurde die Pension neu aufgebaut. Das Restaurant bietet exzellente Speisen mit dem Schwerpunkt Fisch, aber auch mecklenburgische Gerichte an.

Dorsch gekocht mit Dijonsenfsoße

ca. 1,8 kg Dorsch	*200 g Knollensellerie*
2 Blatt Lorbeer	*4 El Dijonsenf*
2–3 Pimentkörner	*Sahne*
Zitronenessig	*Butter*
2 Zwiebeln	*Mehl*
6 Petersilienwurzeln	*Zucker*
400 g Karotten	*Salz und Pfeffer*

Den Dorsch putzen und waschen. Den Garfond mit den Lorbeerblättern, Piment- und Pfefferkörnern, einem Spritzer Zitronenessig, je 2 Karotten und Zwiebeln mit einer Prise Salz zum Kochen bringen.

Das Wurzelgemüse, erst Petersilienwurzeln, dann die Möhren und zum Schluß den Sellerie im kochenden Wasser garen, bis alles bißfest ist. Kurz vor dem Servieren mit Zucker und Butter in der Pfanne glasieren.

Zum Schluß den Dorsch in den Garfond geben und garziehen lassen. Er darf nicht kochen.

Die Soße: Butter im Topf zerlassen und mit Mehl ausstäuben. Heißen gesiebten Garfond dazugeben und unter ständigem Rühren aufkochen lassen. Mit Sahne verfeinern. Zum Schluß den Dijonsenf unterheben und mit Zucker und Salz abschmecken.

GASTSTÄTTE SCHAALSEETREFF
19246 Lassahn

Der Schaalsee, einst Grenzgewässer zwischen Ost und West, ist heute ein ideales Naherholungsgebiet. Spaziergänge in beliebiger Länge und Radwandern auf gut ausgebauten und beschilderten Wegen erwarten den Besucher. Sogar Reitsportbegeisterte kommen hier auf ihre Kosten. Das Restaurant ist ein idealer Ort für Liebhaber der gut bürgerlichen Küche, die in einer behaglichen Umgebung genossen werden kann. Gäste, die während der Saison in Ruhe speisen möchten, sollten Plätze reservieren lassen.

Ente mit Rotkohl

2 Enten à 2000 g
8 Äpfel
3 Zwiebeln
ca. 1000 g Rotkohl
Zucker
Essig
Gänseschmalz
Majoran, frisch
Salz und Pfeffer

Die Ente mit Tüchern trockentupfen, von innen und außen mit Salz einreiben. Den Hohlraum mit den Äpfeln, Zwiebeln und dem Majoran füllen und anschließend mit einer Rouladennadel verschließen. Den Backofen auf etwa 180 Grad vorheizen. Mit Wasser angesetzt muß die Ente etwa 2 Stunden garen. In dieser Zeit öfter begießen, damit die Haut schön braun und knusprig wird. Den Fond für die Soße mit Wasser auffüllen, abschmecken und mit Soßenbinder andicken.

Für den Rotkohl Gänseschmalz mit den gehackten Zwiebeln ansetzen. Sie müssen goldbraun angebraten werden. Dann Wasser auffüllen und den geschnittenen Rotkohl und die Äpfel dazugeben. Alles sollte 2 Stunden kochen.

Nochmals abschmecken und die halbierte Ente mit Rotkohl servieren. Als Beilage eignen sich Salzkartoffeln.

GASTHOF SCHÖNBRUNN
17034 Neubrandenburg

An der B 96 im Ortsteil Trollenhagen und mitten im Gewerbegebiet liegt dieses Restaurant. Ein Zeichen für die Qualität der Speisen: Immer stehen LKW's auf dem Parkplatz. Trucker wissen, wo es schmeckt und nicht zu teuer ist.

Nicht weit ist es von hier bis zum Zentrum der Stadt der vier Tore. Die Stadtmauer und ihre Wallanlagen sind fast vollständig erhalten. Charakteristisch für die Stadtbefestigung sind die sogenannten Wiekhäuser, die einst Beobachtungstürme, dann Wohnhäuser waren. Früher konnten Kunsthandwerker dort arbeiten. Zu einem kulturellen Kleinod – einem Konzertsaal mit hervorragender Akustik – wird die Marienkirche in der Innenstadt.

Babypute mit Frühlingsgemüse

1 Babypute ca. 2 kg
Äpfel
2 Zwiebeln
Hähnchengewürz
Hühnerbrühe - Extrakt
Butter
Soßenbinder
Äpfel, Ananas
Pfirsich, Kiwi
Birnen
Salz und Pfeffer

Für das Frühlingsgemüse:
500 g Spargel
je 400 g Broccoli
Blumenkohl
Möhren
Butter

Für die Spritzkartoffeln:
600 g Kartoffeln
1 Eigelb
Butter
Muskatnuß
Salz

Die Pute gründlich waschen, mit Hähnchengewürz, Hühnerbrühe-Extrakt und Zucker würzen. Mit grobgehackten Äpfeln und Zwiebeln füllen. 40 Minuten bei knapp 100 Grad dämpfen. Danach noch einmal 20 Minuten bei 160 Grad garen.

Die Soße: Hühnerbrühe mit Apfelmus zum Kochen bringen. Mit Soßenbinder eindicken. Zum Schluß Kiwi, Apfel und Pfirsich kleingeschnitten dazugeben.

Das Frühlingsgemüse: Broccoli, Blumenkohl, Möhren und Spargel putzen, waschen und kleinschneiden. Kurz in kochendes Wasser geben, anschließend im Eiswasser abschrecken, salzen und in Butter schwenken.

Die Spritzkartoffeln: Die gekochten Kartoffeln musen. Butter, Salz, Muskat und Mehl dazugeben. Zu einem Teig verrühren. Ein Blech fetten. Die Kartoffelmasse gleichmäßig aufspritzen. Mit Eigelb bestreichen. Im Ofen bei großer Hitze 5 Minuten überbacken.

LANDGASTHOF AM SCHLESENSEE
17237 Carpin

Carpin liegt an der B 198 zwischen Neustrelitz und Woldegk am Rande der Ostmecklenburgischen Kleinseenplatte. Von hier aus lassen sich herrliche Ausflüge in den Müritzer Nationalpark unternehmen. Auch die Feldberger Seenplatte – für Wassersportler ein Paradies – ist nicht weit. Das Wasserskizentrum bietet vielfältige Möglichkeiten. Wer es gerne besinnlicher mag, kann auch mit dem Kanu unterwegs sein.

Das Restaurant ist ein idealer Rastplatz für Wanderer. Angeboten werden Gerichte sowohl für den Eiligen als auch für den Gourmet.

Hirschroulade

800 g Hirschkeule ohne Knochen
50 g Speck, 50 g Fett
Gewürzgurken
1 Zwiebel
2 El Senf
1 El Mehl
Wacholderbeeren
Wildgewürz
Salz und Pfeffer

Für den Rotkohl:
500 g Rotkohl
50 g Fett
20 g Zucker
50 g Zwiebeln
0,1 l Wasser
1 Gewürzzwiebel
Essig
Salz und Pfeffer

Für die Klöße:
1000 g Kartoffeln
60 g Weizenmehl
75 g Stärkemehl
2 Eier
30 g Butter
2 Scheiben Toastbrot
Muskat und Salz

Die geklopften Fleischscheiben mit Senf bestreichen. Mit Zwiebeln, Speck und Gurken belegen, mit Salz, Pfeffer und Wildgewürz bestreuen. Zusammenrollen und mit Küchengarn umwickeln. In heißem Fett ringsum anbraten. Nach und nach heißes Wasser zugießen und die Rouladen garschmoren. Die Soße mit Mehl binden.

Der Rotkohl: Fett auslassen, Zwiebeln darin anschwitzen. Rotkohl beifügen und durchrühren. Kurze Zeit erhitzen. Zucker, Salz, Apfelstücke, Essig sowie Wasser dazugeben. Alles gut vermengen. Gewürzzwiebel in das Kraut stecken. Das ist eine Zwiebel, gespickt mit Lorbeer und Nelken. Topf zudecken und den Inhalt bei mäßiger Hitze gardünsten. Nach dem Garen die Gewürzzwiebel entfernen.

Die Klöße: Die gekochten Klöße durchpressen. Mit Mehl, Stärkemehl, Eier, Salz und einer Prise Muskat zu einem Teig verarbeiten. In acht Stücke teilen, breitdrükken und die in Butter gerösteten Toastbrotwürfel in die Mitte geben. Die Klöße ohne Risse formen und in dem restlichen Stärkemehl wälzen. In siedendem Salzwasser 5 Minuten leise kochen und dann noch 5–10 Minuten ziehen lassen. Sie sind gar, wenn sie aufschwimmen.

ZIEROWER HOF
23968 Zierow

Gleich hinter den Dünen des Ostseestrandes kann der Gast dem Pferdesport frönen – in Zierow nordöstlich von Wismar. Hier bietet sich aber nicht nur Gelegenheit, das Reiten zu lernen: Wer eine Qualifikation zum Reitlehrer auf sich nehmen möchte, erfährt an diesem Ort eine gute Ausbildung.

Ein ungewöhnliches Lokal sorgt für das leibliche Wohl: Sichtfenster unmittelbar über der Reithalle erlauben, auch während der Mahlzeiten die Pferde immer im Auge zu behalten.

Heringshits „Zierower Hof“

16 Heringsfilets
5 Eier
3 El Mittelscharfer Senf
1 Bund Dill
3 Zitronen
80 g Butter
Mehl, Paniermehl
Bratfett

Für den Salat:
1/2 Kopf Eisbergsalat
3 Tomaten
je 1/2 Paprikaschote,
rot und gelb
1/2 Salatgurke
1 Bund Radieschen
1 Bund Schnittlauch
3 Möhren
Öl, Essig, Zucker
Salz und Pfeffer

Die gewaschenen und getrockneten Filets werden mit Zitronensaft beträufelt und eine halbe Stunde kalt gestellt. Danach salzen. Je 4 Filets von der Innenseite mit mittelscharfem Senf bestreichen, zusammenklappen und in Mehl wenden. Je 4 Filets in Mehl, Ei und Paniermehl wenden. Je 4 Filets von der Innenseite mit Butter bestreichen und mit gehacktem Dill bestreuen. Zusammenklappen und in Mehl wenden. Je 4 Filets in Mehl wenden und durch das geschlagene Ei ziehen. Die so vorbereiteten Heringsfilets werden von jeder Seite ca. 3 Minuten scharf gebraten.

Das Dressing: Essig, Salz, Zucker und Pfeffer verrühren. Öl mit dem Schneebesen hineinrühren. Wichtig: Immer das Öl zur Säure geben. Nicht beides gleichzeitig, da das Öl die Gewürze wie ein Mantel umschließt. Sie lösen sich dann nicht. Den gehackten Schnittlauch dazugeben und verrühren.

Der Salat: Eisbergsalat grob schneiden, Tomaten in Spalten, Paprika in Streifen, Radieschen, Gurke und Möhren in Scheiben schneiden. Das geschnittene Gemüse wird zu einem bunten Salat zusammengestellt. Kurz vor dem Servieren mit Dressing übergießen.

FISCHERHÜTTE AM PLOGGENSEE
23936 Grevesmühlen

Der Name sagt es schon – in diesem Restaurant sind Fischgerichte die Spezialität. Und das aus gutem Grund, denn es liegt direkt am Ploggensee, aber auch an der B 105 zwischen Wismar und Lübeck.

Grevesmühlen, der Hauptsitz des Landkreises Nordwest-Mecklenburg, lädt zu einem Stadtbummel ein. Das Heimatmuseum in unmittelbarer Nähe des Marktes oder aber die Gebäude im Zentrum der Stadt spiegeln deren wechselvolle Geschichte wider. Nicht versäumt werden sollte auch der Besuch der ehemaligen Malzfabrik, die zu einem Einkaufszentrum mit allen Annehmlichkeiten umgebaut worden ist.

Forellenfilet mit Blattspinat gefüllt

8 Forellenfilets je 100 g
400 g Blattspinat
600 g Blätterteig
2 Eigelb, 50 g Butter
Fischbrühe
Sahne, Mehl
Weißwein
Dill, Petersilie
Zitrone
Salz und Pfeffer

Zuerst den Blätterteig ausrollen und mit je einem Forellenfilet belegen. Darauf den blanchierten Blattspinat und Butterflocken verteilen und das Ganze mit Zitrone, Salz und weißem Pfeffer würzen. Zum Schluß den Blätterteig über den Filets zusammenschlagen und die Ränder mit Eigelb bestreichen. Anschließend ca. 15 Minuten im vorgeheizten Backofen bei 200 Grad goldgelb backen.

Die Kräutersoße: Eine Mehlschwitze mit Fischbrühe ablöschen. Mit Sahne und Weißwein verfeinern. Zum Schluß gehackte Kräuter dazugeben. Kurz aufkochen lassen.

Forellenfilet mit Blattspinat gefüllt

Register nach Speisen geordnet

FLEISCH

Alphabetisches Register

In diesen Orten befinden sich die Hotels und Restaurants, die der „Topfgucker" besuchte. Die genauen Anschriften erscheinen auf den folgenden Seiten.

Verzeichnis der Hotels und Restaurants

Stand der Angaben: 20.05.2001
Für die Richtigkeit der Angaben übernimmt der Verlag keine Gewähr.

Der Autor

Michael Altrichter, 1946 in Hamburg geboren, war nach Ausbildung zum Fotograf seit 1972 beim Norddeutschen Rundfunk, zunächst als Kameraassistent, ab 1985 als Redakteur; Beiträge für die Redaktionen Prisma, Ratgeber Technik, Dreizeit und DAS. Seit November 1989 Berichte fast ausschließlich aus Mecklenburg-Vorpommern. 1992 Wechsel in das neue Sendegebiet Mecklenburg-Vorpommern. Tätigkeit in der Redaktion Hanseblick und anschließend für das Nordmagazin. Seit Anfang 1999 Produktion der Sendereihe „Topfgucker" im Nordmagazin.

Die Fotografin

Christine Becker, geboren 1956 in Wismar, Fotografenlehre, 1977–1982 Studium an der Hochschule für Grafik und Buchkunst Leipzig, Diplom Fotografie. 1985–1989 VBK/DDR, 1982–1989 Personalausstellungen, nationale und internationale Ausstellungsbeteiligungen. Seit 1987 freischaffend. 1990/91 Stipendium Künstlerhaus Lauenburg/Elbe, 1995 Personalausstellung. Seither Werbung, Dokumentationen Fotografie, freie Fotografie und themengebundene Auftragsarbeiten. 1998/99 mehrere Editionen.

Wir danken allen Hotels und Restaurants sowie Frau Gisela Gottfried (Stilmöbel/Kühlungsborn/Rerik), die uns bei den Fotoaufnahmen bereitwillig unterstützten.